Niebo I

„A dwanaście bram to dwanaście pereł:
każda z bram była z jednej perły.
I rynek Miasta to czyste złoto jak szkło przeźroczyste."

(Księga Apokalipsy 21,21)

Niebo I

Czysty i piękny jak kryształ...

Dr Jaerock Lee

Niebo I: Czysty i piękny jak kryształ
Autor Dr Jaerock Lee
Opublikowano przez Urim Books (Reprezentant: Kyungtae Noh)
361-66, Shindaebang-Dong, Dongjak-Gu, Seoul, Korea
www.urimbooks.com

Wszelkie prawa zastrzeżone. Żadna część niniejszej publikacji nie może być reprodukowana, przechowywana jako źródło danych i przekazywana w jakiejkolwiek formie zapisu bez pisemnej zgody wydawcy.

O ile nie zaznaczono inaczej, wszelkie cytaty pochodzą z Biblii Tysiąclecia ® 1960, 1962, 1963, 1968, 1971, 1972, 1973, 1975, 1977, 1995. Wykorzystane za zgodą.

Copyright © 2017 Dr. Jaerock Lee
ISBN: 979-11-263-0385-4 04230
ISBN: 979-11-263-0266-6 (set)
Tłumaczenie na język angielski © 2012 Dr. Esther K. Chung. Użyte za zgodą tłumacza.

Wcześniej opublikowane w języku koreańskim przez Urim Books w 2002

Pierwsze wydanie listopad 2017

Edycja: Dr. Geumsun Vin
Projekt: Editorial Bureau of Urim Books
Wydrukowano przez Yewon Printing Company
Kontakt: urimbook@hotmail.com

Przedmowa

Bóg miłości prowadzi każdą osobę wierzącą drogą zbawienia i odkrywa przed nią sekrety nieba.

Co najmniej raz w życiu każdy z nas zadaje sobie pytanie: „Co będzie ze mną, kiedy skończy się moje życie na tym świecie?" lub „Czy piekło i niebo naprawdę istnieją?"
Wielu ludzi umiera zanim odnajdą odpowiedź na niniejsze pytania. Nawet jeżeli wierzą w życie po śmierci, nie każdy posiądzie niebo, ponieważ nie każdy ma odpowiednią wiedzę. Niebo i piekło nie są fantazją, a rzeczywistością w duchowym świecie.

Z jednej strony, niebo jest tak pięknym miejscem, że nie można go porównać do niczego na tym świecie. Nikt nie jest w stanie opisać piękna i szczęścia panującego w Nowym Jeruzalem, miejsca w którym znajduje się tron Boga, ponieważ jest ono wykonane z najlepszych materiałów dzięki niebiańskim umiejętnościom.

Z drugiej strony, piekło pełne jest ciągłego bólu, tragedii i kary. Jego okrutna rzeczywistość wyjaśniona jest dokładnie w książce „*Piekło.*" Jezus i Jego apostołowie odkryli przed ludźmi niebo i piekło. Nawet w dziesiejszych czasach tajemnice tych miejsc odkrywane są przez ludzi prawdzwie wierzących w Boga.

Niebo jest miejscem, w którym dzieci Boże cieszą się życiem wiecznym oraz niewyobrażalnie pięknymi i cudownymi rzeczami przygotowanymi dla nich. Każdy z nas ma możliwość poznania tego, co Bóg zaplanował, jeżeli tylko Bóg na to pozwoli i przedstawi nam swój plan.

Przez siedem lat modliłem się i pościłem, aby poznać niebo i otrzymać od Boga odpowiedzi na moje pytania. Obecnie Bóg odkrywa przede mną coraz więcej tajemnic duchowej rzeczywistości.

Ponieważ niebo nie jest wodoczne, trudno jest je opisać językiem i dzięki wiedzy tego świata. Mogą pojawić się pewne nieporozumienia z nim związane. Dlatego apostoł Paweł nie mógł dokładnie opisać raju w trzecim niebie, który widział w swoich wizjach.

Bóg odkrył przede mną wiele sekretów dotyczących nieba i przez wiele miesięcy modliłem się o szczęśliwe życie oraz wiele miejsc i nagród w niebie zgodnie z miarą wiary. Jednakże nie mogłem głosić o wszystkich szczegółach, które mi predstawił.

Przedmowa

Powodem, dla którego Bóg pozwilił mi poznać tajemnice duchowej rzeczywistości przez niniejszą książkę było ocalenie tak wielu dusz jak to możliwe i przyprowadzenie ich do nieba, które jest pięknym i krystalicznie czystym miejscem.

Z całego serca dziękowałem i uwielbiłem Boga za to, że pozwolił mi opublikować książkę *„Niebo I: Czyste i piękne niczym kryształ,"* opis miejsca, które jest czyste i piękne niczym kryształ, wypełnionego chwałą Bożą. Mam nadzieję, że każdy z was uświadomi sobie wielką miłość Bożą, która odkrywa przed nami tajemnice nieba i prowadzi wszystkich ludzi ścieżką zbawienia, aby każdy z nas mógł je posiąść. Mam również nadzieję, że każdy z was podąży tą drogą, aby dotrzeć do celu, którym jest wieczne życie w Nowym Jeruzalem.

Dziekuję Geumsun Vin, dyrektorowi Editorial Bureau oraz jej współpracownikom, a także biurze tłumaczeń za ich ciężką pracę przy publikacji niniejszej książki. Modlę się w imieniu Jezusa, aby dzięki niniejszej książce ocalonych zostało wiele dusz i aby jak najwięcej ludzi mogło cieszyć się wiecznym życiem w Nowym Jeruzalem.

Jaerock Lee

Wstęp

Z nadzieją, że każdy z czytelników uświadomi sobie cierpliwą miłość Bożą, osiągnie pełną duchowość oraz będzie zmierzał drogą do Nowego Jeruzalem.

Z całego serca dziękuję Bogu, który doprowadził wielu ludzi do poznania duchowej rzeczywistości w odpowiedni sposób oraz zachęcił do osiągnięcia celu z nadzieją na niebo poprzez publikację książki „*Piekło*" oraz dwuczęściowej serii książek pt. „*Niebo*."

Niniejsza książka składa się z dziesięciu rozdziałów i pozwala czytelnikom dowiedzieć się więcej o życiu, pięknie i różnych miejscach nieba, a także nagrodach, które otrzymają dzieci Boże zgodnie z miarą ich wiary. Bóg odkrył swoje tajemnice przed starszym Jaerockiem Lee dzięki natchnieniu Ducha Świętego.

Rozdział 1 „Niebo: czyste i piękne jak kryształ" opisuje wieczne szczęście nieba, wgłębiając się w jego wygląd. Nie będzie potrzebne tam świało słońca i księżyca.

Rozdział 2 „Ogród Eden oraz przedsionek nieba" wyjaśnia lokalizację, wygląd oraz życie w ogrodzie Eden, aby pomóc lepiej zrozumieć niebo. Niniejszy rozdział opowiada również o planach i opatrzności Boga, który umieścił drzewo znajomości dobra i zła oraz pielęgnował swoją więź z człowiekiem. Co więcej, rozdział mówi o przedsionku do nieba, gdzie ludzie zbawieni czekają na Dzień Sądu oraz o tym, jacy ludzie wejdą do Nowego Jeruzalem bez konieczności czekania w przedsionku.

Rozdział 3 „Siedmioletnie wesele" opisuje powtórne przyjście Jezusa, siedem lat prześladowań, powrót Jezusa na ziemię, okres tysiąclecia oraz życie wieczne po okresie tysiąclecia.

Rozdział 4 „Tajemnice nieba ukrytego od czasów stworzenia" opisuje sekrety nieba, odkryte dzięki przypowieściom Chrystusa oraz opowiada o tym, jak możemy osiągnąć niebo, w którym Bóg przygotował mieszkania dla zbawionych.

Rozdział 5 „Jak będzie wyglądało nasze życie w niebie?" wyjaśnia kwestie wzrostu, wagi oraz koloru skóry ciała duchowego oraz to, jak będzie wyglądało nasze życie w niebie. Dzięki wielu przykładom radosnego życia w niebie, niniejszy rozdział zachęca do tego, aby dążyć do nieba z wielką nadzieją.

Wstęp

Rozdział 6 „Raj" opisuje raj, który znajduje się na najniższym poziomie nieba, a jednak nadal pozostaje miejscem piękniejszym I szczęśliwszym niż ten świat. Opisuje również, jacy ludzie wejdą do raju.

Rozdział 7 „Pierwsze Królestwo Niebieskie" opisuje życie i nagrody Pierwszego Królestwa Niebieskiego, w którym zamieszkają ludzie, którzy przyjmą Jezusa i będą starali się żyć zgodnie z Jego słowem.

Rozdział 8 „Drugie Królestwo Niebieskie" opisuje życie oraz nagrody Drugiego Królestwa Niebieskiego oraz ludzi, którzy nie osiągneli pełni świętości, ale wypełnili swoje obowiązki i wejdą do nieba. Podkreśla również ważność posłuszeństwa oraz wykonywania obowiązków.

Rozdział 9 „Trzecie Królestwo Niebieskie" opisuje piękno i chwałę Trzeciego Królestwa, które jest nieporównywalne z Drugim Królestwem. Trzecie Królestwo jest miejscem jedynie dla ludzie, którzy całkowicie odrzucili swoje grzechy i wyzbyli się grzesznej natury dzieki swoim wysiłkom i pomocy Ducha Świętego. Niniejszy rozdział wyjaśnia również miłość Boga, który dopuszcza doświadczenia i próby na swój lud.

W końcu, rozdział 10 „Nowe Jeruzalem" przedstawia Nowe Jeruzalem, najpiękniejsze i najbardziej niezwykłe miejsce w niebie, gdzie znajduje się tron Boży. Rozdział opisuje również ludzi, którzy wejdą do Nowego Jeruzalem. Rozdział kończy się, dając czytelnikom nadzieję przez przykłady domów dwojga ludzi, którzy wejdą do Nowego Jeruzalem.

Bóg przygotował dla Swoich ukochanych dzieci niebo, które jest czyste i piękne niczym kryształ. On chce, aby jak najwięcej ludzi zostało zbawionych i nie może doczekać się, aby Jego dzieci weszły do Nowego Jeruzalem.

Mam nadzieję, że w imieniu Jezusa, wszyscy czytelnicy książki *„Niebo I: Czyste i piekne niczym kryształ"* uświadomią sobie wielką miłość Boga, osiągną pełnię duchowości przez serce Chrystusa oraz będą z radością zmierzać do Nowego Jeruzalem.

Geumsun Vin
Dyrektor Biura Wydawniczego

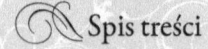
Spis treści

Przedmowa

Wstęp

Rozdział 1 **Niebo: czyste i piękne jak kryształ • 1**
    Nowe Niebo i Nowa Ziemia
    Rzeka wody życia
    Tron Boga i Baranka

Rozdział 2 **Ogród Eden oraz przedsionek nieba • 19**
    Ogród Eden, w którym mieszkał Adam
    Ludzi doskonalą się na ziemi
    Przedsionek nieba
    Ludzie, którzy nie będą musieli czekać wprzedsionku

Rozdział 3 **Siedmioletnie wesele • 45**
    Powrót Jezusa i siedmioletnie wesele
    Tysiąclecie
    Nagroda w postaci nieba po Dniu Sądu

Rozdział 4 **Tajemnice nieba ukrytego od czasów stworzenia • 67**
    Tajemnice nieba, które zostały odkryte od czasów Jezusa
    Tajemnice nieba odkryte w czasach końca
    Dom mojego Ojca jest moją ucieczką

Rozdział 5 **Jak będzie wyglądało nasze życie w niebie? • 95**

    Styl życia w niebie
    Ubrania w niebie
    Pożywienie w niebie
    Transport w niebie
    Rozrywka w niebie
    Uwielbienie, edukacja i kultura w niebie

Rozdział 6 **Raj • 119**

    Piękno i szczęście Raju
    Jacy ludzie znajdą się w Raju?

Rozdział 7 **Pierwsze Królestwo Niebieskie • 133**

    Jego piękno i szczęście przewyższa Raj
    Jacy ludzie znajdą się w królestwie niebieskim?

Rozdział 8 **Drugie Królestwo Niebieskie • 145**

    Piękny dom prywatny dla każdego
    Jacy ludzie znajdą się w drugim królestwie niebieskim?

Rozdział 9 **Trzecie Królestwo Niebieskie • 161**

    Aniołowie służą dzieciom Bożym
    Jacy ludzie znajdą się w trzecim królestwie?

Rozdział 10 **Nowe Jeruzalem • 175**

    Ludzie w Nowym Jeruzalem będą oglądać Boga twarzą w twarz
    Jacy ludzie znajdą się w Nowym Jeruzalem?

Rozdział 1

Niebo:
czyste i piękne jak kryształ

1. Nowe Niebo i Nowa Ziemia
2. Rzeka wody życia
3. Tron Boga i Baranka

„*I ukazał mi rzekę wody życia, lśniącą jak kryształ,
wypływającą z tronu Boga i Baranka.
Pomiędzy rynkiem Miasta a rzeką, po obu brzegach,
drzewo życia, rodzące dwanaście owoców – wydające
swój owoc każdego miesiąca – a liście drzewa /służą/
do leczenia narodów.
Nic godnego klątwy już /odtąd/ nie będzie.
I będzie w nim tron Boga i Baranka, a słudzy Jego
będą Mu cześć oddawali.
I będą oglądać Jego oblicze,
a imię Jego – na ich czołach.
I /odtąd/ już nocy nie będzie.
A nie potrzeba im światła lampy i światła słońca,
bo Pan Bóg będzie świecił nad nimi
i będą królować na wieki wieków.*"

- Ks. Apokalipsy 22,1-5 -

Wielu ludzi zastanawia się I zadaje pytanie: „Mówi się, że możemy trafić do nieba i wieść szczęśliwe życie – ale co to w ogóle za miejsce?" Jeśli posłuchacie świadectwa osób, które były w niebie, usłyszycie, że większość z nich mówi o tym, że przechodzili przez długi tunel. Niebo to duchowa rzeczywistość, która w dużym stopniu różni się od świata, w którym żyjemy.

Ludzie, którzy żyją w trójwymiarowym świecie niewiele wiedzą o niebie. Możemy dowiedzieć się o tym zdumiewającym świecie – świecie, który znajduje się ponad światem trójwymiarowym, tylko jeśli Bóg nam o nim powie, a nasze duchowe oczy otworzą się. Jeżeli poznałeś dokładnie duchową rzeczywistość, nie tylko twoja dusza będzie niezwykle szczęśliwa, ale również twoja wiara będzie szybko wzrastać i staniesz się umiłowanym dzieckiem Boga. Dlatego też Jezus przedstawił nam tajemnice nieba w swoich przypowieściach, a apostoł Jan opisuje niebo w szczegółach w Księdze Apokalipsy.

W takim razie, jakiego rodzaju miejscem jest niego i jak będzie wyglądało tam życie ludzi? Spójrzmy na niebo, czyste i piękne niczym kryształ, które Bóg przygotował, aby dzielić swoją miłość ze swoimi dziećmi na wieki.

Nowe Niebo i Nowa Ziemia

Pierwsze niebo i pierwsza ziemia stworzone przez Boga były czyste i piękne jak kryształ, jednak zostały przeklęte z powodu nieposłuszeństwa Adama, pierwszego człowieka. Ponadto, szybka i agresywna industrializacja oraz rozwój nauki i technologii zanieczyściły ziemię. W dzisiejszych czasach coraz więcej osób zwraca uwagę na ochrobę środowiska. Z tego względu, kiedy nadejdzie czas, Bóg odsunie pierwsze niebo i pierwszą ziemię, a odkryje nowe niebo i nową ziemię. Pomimo, że nasza ziemia stała się zanieczyszczona i zniszczona, nadal odgrywa istotną rolę w życiu dzieci Bożych, które pójdą do nieba.

Na początku, Bóg stworzył ziemię, a poźniej człowieka i wprowadził go do ogrodu Eden. Dał mu wolność i obfitość, pozwalając mu jeść wszystko oprócz owoców z drzewa poznania dobra i zła. Jednakże człowiek złamał jedyny zakaz dany mu przez Boga i został wyrzucony z Edenu oraz wygnany na tę ziemię, pierwsze niebo i pierwszą ziemię.

Ponieważ wszechmocny Bóg wiedział, że człowiek podąży ścieżką śmierci, przygotował plan zbawienia jeszcze przed początkiem czasów i wysłał Jezusa Chrystusa na ziemię w odpowiednim czasie.

Dlategoteż, ktokolwiek przyjmie Jezusa, który został ukrzyżowany i powstał z martwych, zostanie przemieniony w nowe stworzenie i zostanie zabrany do nowego nieba i nowej ziemi, aby cieszyć się życiem wiecznym.

Błękitne niebo Nowego Nieba czystego jak kryształ

Nowe niebo przygotowane przez Boga wypełnione jest czystym powietrzem, jakiego nie znajdziemy nigdzie na tym świecie. Wyobraź sobie czyste błękitne niebo z lekkimi białymi chmurkami. Jak cudowne i piękne byłoby coś takiego!

Ale dlaczego Bóg miałby uczynić nowe niebo niebieskim? W duchowy sensie, niebieski kolor sprawia, że odczuwamy głębię, wysokość i czystość. Kiedy woda ma niebieski kolor, to znaczy, że jest czysta. Kiedy patrzymy na błękitne niebo, czujemy się pełni energii. Bóg uczynił niebo na tym świecie niebieskie, ponieważ oczyścił twoje serce i sprawił, że poszukujesz swojego Stworyciela. Jeżeli, patrząc na czyste błękitne niebo wyznasz: „Mój Stworzyciel musi tam być. On uczynił wszystko takie piękne," twoje serce będzie oczyszczone i będziesz prowadził dobre życie.

Co gdyby niebo było żółte? Zamiast czuć się dobrze, ludzie czuliby się niespokojni i zmieszani, a niektórzy cierpieliby nawet z powodu zaburzeń psychicznych. Ludzki umysł może być poruszony, odświeżony lub zamieszany zgodnie z kolorami, które postrzega. Dlatego właśnie Bóg uczynił niebo błękitnym i umieścił na nim czyste białe chmurki, aby Jego dzieci mogły żyć szczęśliwie i mieć serca czyste i piękne niczym kryształ.

Nowa Ziemia wykonana z czystego złota i drogich kamieni

Jak będzie w takim razie wyglądała nowa ziemie w niebie? Na nowej ziemi w niebie, które Bóg uczynił czyste i piękne jak kryształ, nie ma gleby ani kurzu. Nowa ziemia jest uczyniona z czystego złota i drogich kamieni. Jakże fascynujące byłoby, aby znaleźć się w niebie, gdzie drogi wykonane są z czystego złota i drogich kamieni!

Gleba naszej ziemi ciągle się zmienia. Te zmiany świadczą o bezsensowości i śmierci. Bóg pozwolił roślinom rosnąć, owocom dojrzewać, a następnie obumierać, abyśmy zdali sobie sprawę, że życie na tej ziemi ma swój koniec.

Niebo jest pełne czystego złota i drogich kamieni, które się nie zmieniają, ponieważ niebo jest prawdziwe i wieczne. Ponadto, tak jak rośliny rosną na ziemi, będą również rosły w niebie. Jednak nie będą obumierać tak, jak te na ziemi.

Co więcej, nawet wzgórza i zamki wykonane są z czystego złota i drogich kamieni. Jakże piękne i błyszczące musi być niebo! Musisz mieć prawdziwą wiarę, aby nie stracić możliwości doświadczenie piękna i szczęśliwości nieba, których ludzkie słowa nie są w stanie nawet opisać.

Zniknięcie starego nieba i starej ziemi

Co się stanie z pierwszym niebem i pierwszą ziemią, kiedy pojawią się nowe niebo i nowa ziemia?

„Potem ujrzałem wielki biały tron i na nim Zasiadającego, od którego oblicza uciekła ziemia i niebo, a miejsca dla nich nie znaleziono" (Apokalipsa 20,11).

„I ujrzałem niebo nowe i ziemię nową, bo pierwsze niebo i pierwsza ziemia przeminęły, i morza już nie ma" (Apokalipsa 21,1).

Kiedy ludzie zostaną osądzeni, przeminie pierwsze niebo i pierwsza ziemia. To oznacza, że nie znikną, ale zostaną przeniesione do innego miejsca.

Jednak, dlaczego Bóg miałby zmienić położenie pierwszego nieba i pierwszej ziemi, zamiast po prostu się ich pozbyć? Ponieważ Jego dzieci tęskniłyby za pierwszym niebem i pierwszą ziemią, gdyby Bóg pozbył się ich całkowicie. Pomimo, że ludzie cierpieli na pierwszej ziemi i pierwszym niebie, będą czasami za nimi tęsknić, ponieważ kiedyś to był ich dom. Z tego względu, Bóg mając to na uwadze, umieści je w innej części wszechświata, a nie pozbędzie się ich całkowicie.

Wszechświat, w którym mieszkamy jest niezamierzony. Jest wiele wszechświatów. Bóg umieści pierwsze niebo i pierwszą ziemię w innej części wszechświata i pozwoli swoim dzieciom odwiedzać je, kiedy będą tego potrzebowały.

I nie będzie łez, smutku, śmierci ani chorób

Nowe niebo i nowa ziemia, gdzie będą mieszkały dzieci Boże zbawione przez wiarę, już nigdy nie zostaną przeklęte – będą miejscem pełnym szczęścia. W Księdze Apokalipsy 21,3-4 napisano, że w niebie nie będzie łez, smutku, śmierci, narzekania ani chorób, ponieważ będzie tam Bóg.

I usłyszałem donośny głos mówiący od tronu: „Oto przybytek Boga z ludźmi: i zamieszka wraz z nimi, i będą oni jego ludem, a On będzie Bogiem z nimi. I otrze z ich oczu wszelką łzę, a śmierci już odtąd nie będzie. Ani żałoby, ni krzyku, ni trudu już /odtąd/ nie będzie, bo pierwsze rzeczy przeminęły."

Jakże przykre byłoby, gdybyś cierpiał z głodu, a twoje dzieci płakałyby z braku jedzenia? Jaki byłby pożytek z tego, gdyby ktoś przyszedł i zauważył, że płaczesz z głodu, otarł twoje łzy, jednak nie dał ci nic do jedzenia? Czy to byłaby prawdziwa pomoc? Powinien dać ci coś do jedzenie, abyście nie głodowali. Dopiero wtedy ty i twoje dzieci przestalibyście płakać.

Podobnie, kiedy mówi się, że Bóg otrze łzy z naszych oczu, oznacza to, że kiedy zostaniemy zbawieni i pójdziemy do nieba, nie będzie już trosk i zmartwień, ponieważ nie będzie łez, smutku, śmierci, narzekania ani chorób.

Z jednej strony, czy wierzysz w Boga, czy nie, na tej ziemi doświadczysz smutku. Ludzie na tym świecie narzekają, doświadczając nawet niewielkiej straty. Z drugiej strony, ci, którzy wierzą w Boga, będą ubolewać nad tymi, którzy nie przyjęli jeszcze zbawienia.

Kiedy znajdziemy się w niebie, nie będziemy musieli martwić się śwmiercią lub grzechami innych ludzi, czy ich rezygnacją z życia wiecznego. Nie będziemy już cierpieć z powodu grzechu, więc nie doświadczymy już smutku.

Na tej ziemi, kiedy jesteśmy przepełnieni smutkiem – narzekamy. Jednak w niebie, nie będzie już narzekania, ponieważ nie będzie zmartwień i trosk. Będzie tylko wieczne szczęście.

Rzeka wody życia

W niebie Rzeka wody życia, czysta niczym kryształ, przepływa między ulicami miasta. Apokalipsa 22,1-2 opisuje Rzekę wody życia. Aby sobie ją wyobrazić, musisz być naprawdę szczęśliwy.

„I ukazał mi rzekę wody życia, lśniącą jak kryształ, wypływającą z tronu Boga i Baranka. Pomiędzy rynkiem Miasta a rzeką, po obu brzegach, drzewo życia, rodzące dwanaście owoców – wydające swój owoc każdego miesiąca – a liście drzewa /służą/ do leczenia narodów."

Pewnego razu pływałem w bardzo przejrzystej wodzie Pacyfiku. Woda była tak przejrzysta, że widziałem w niej rośliny i ryby. Widok był tak piękny, że czułem się naprawdę szczęśliwy. Nawet na tym świecie możemy poczuć się odświeżeni i oczyszczeni, patrząc na tak czystą wodę. O ileż bardziej szczęśliwi będziemy, patrząc na Rzekę wody życia, czystą jak kryształ, która przepływa między ulicami wiecznego miasta.

Rzeka wody życia

Nawet na tym świecie, jeżeli spojrzysz na czyste morze, słońca odbija się w falach i pięknie błyszczy. Kolor rzeki wody życia w niebie wygląda z oddali na niebieski, jednak jeżeli przyjrzysz się z bliska, woda jest tak czysta, piękna i nieskazitelna, że jedyne do czego można ją porównać to kryształ.

Dlaczego Rzeka wody życia wypływa spod tronu Boga i Baranka? W duchowym sensie, woda odnosi się do Słowa Bożego, które jest pokarmem życia i dzięki niemu zyskujemy życie wieczne. Jezus w Ewangelii Jana 4,14 powiedział: *„Kto zaś będzie pił wodę, którą Ja mu dam, nie będzie pragnął na wieki, lecz woda, którą Ja mu dam, stanie się w nim źródłem wody* *wytryskającej ku życiu wiecznemu."* Słowa Boże jest wodą życia wiecznego, która daje nam życie i dlatego właśnie Rzeka wody życia wypływa spod tronu Boga i Baranka.

Jak, w takim razie, smakuje woda życia? Jest tak słodka, że nic na tym świecie nie jest w stanie dorównać jej smakowi. Dodaje energii. Bóg dał ludziom wodę życia, jednak po upadku Adama, woda na tej ziemi została przeklęta wraz z innymi rzeczami. Od tamtej pory, ludzie nie mogą skosztować wody życia na tej ziemi. Będziemy mogli jej zakosztować, dopiero kiedy znajdziemy się w niebie. Ludzie piją zanieczyszczoną wodę i sięgają po sztuczne napoje, na przykład napoje gazowane, zamiast wody. Woda na tym świecie nie da nam życia wiecznego, jednak Woda życia w niebie, Słowo Boże, daje nam życie wieczne. Jest słodsza niż miód wypływający w plastra i daje siłę duchowi.

Rzeka opływa całe niebo

Rzeka wody życia, która wypływa spod tronu Boga i Baranka, jest niczym krew, która utrzymuje ludzi przy życiu przepływając przez układ krążenia w organiźmie. Rzeka przepływa przez cały obszar nieba i ponownie wraca do tronu Boga. Dlaczego zatem Rzeka wody życia przepływa przez niebo?

Po pierwsze, Rzeka wody życia to najłatwiejszy sposób, by dostać się do tronu Boga. Dlategoteż, aby dostać się do Nowego Jeruzalem, gdzie znajduje się tron Boga, należy podążać ulicami wzdłuż rzeki.

Po drugie, Słowo Boże jest naszą drogą do nieba. Możemy dostać się do nieba, postępując zgodnie ze Słowem Boga. W Ewangelii Jana 14,6 Jezus powiedział: *„Odpowiedział mu Jezus:*

Ja jestem drogą i prawdą, i życiem. Nikt nie przychodzi do Ojca inaczej jak tylko przeze Mnie." Drogą do nieba jest Słowo Bożej prawdy. Jeżeli postępujemy zgodnie ze Słowem Boga, dostaniemy się do nieba, gdzie płynie Rzeka życia.

Bóg zaprojektował niebo w taki sposób, że podążając wzdłuż brzegu Rzeki życia, możemy dotrzeć do Nowego Jaruzalem, gdzie znajduje się tron Boży.

Srebrny i złoty piasek na brzegach rzeki

Co znajduje się na brzegu Rzeki wody życia? Pierwsze zauważyć można złoty i srebrny piasek na szerokich i długich brzegach rzeki. Piasek w niebie jest tak miękki, że nie przyczepia się do ubrania nawet jeżeli będziesz się po nim kulać.

Ponadto, jest tam wiele wygodnych ławek ozdobionych drogimi kamieniami i złotem. Kiedy będziesz siedzieć na takiej ławce ze swoimi drogimi przyjaciółmi, prowadząc rozkoszne rozmowy, aniołowie będą ci służyć.

Na tej ziemi, podziwiamy aniołów, jednak w niebie aniołowie będą nazywać nas „panami" i służyć nam zgodnie z naszą wolą. Jeżeli będziesz mieć ochotę na jakiś owoc, anioł natychmiast przyniesie ci kosz z owocami ozdobiony drogimi kamieniami i kwiatami.

Co więcej, po obu stronach rzeki rosną piękne kolorowe kwiaty, żyją ptaki, zwierzęta i robaki. One również będą nam służyć jak swoim panom, a my będziemy mogli dzielić się z nimi naszą miłością. Jakże cudowne i piękne jest niebo, w którym płynie Rzeka wody życia!

Drzewo życie po każdej stronie rzeki

Apokalipsa 22,1-2 szczegółowo opisuje drzewo życia, które rośnie po obu stronach Rzeki wody życia.

„I ukazał mi rzekę wody życia, lśniącą jak kryształ, wypływającą z tronu Boga i Baranka. Pomiędzy rynkiem Miasta a rzeką, po obu brzegach, drzewo życia, rodzące dwanaście owoców – wydające swój owoc każdego miesiąca – a liście drzewa /służą/ do leczenia narodów."

Dlaczego zatem Bóg umieścił drzewo życia, wydające dwanaście owoców po każdej stronie rzeki?

Po pierwsze, Bóg pragnął, aby Jego dzieci weszły do nieba i poczuły piękno i smak życia w niebie. Chciał im również przypomnieć, że wydają owoce Ducha Świętego, jeżeli zachowują się zgodnie ze Słowem Bożym, spożywając swój pokarm zdobyty w pocie czoła.

Musisz uświadomić sobie jedną rzecz. Wydawania dwunastu rodzajów owocu nie oznacza, że jedno drzewo wydaje dwanaście rodzajów owocu. Oznacza, że dwanaście równych drzew wydaje dwanaście rodzajów owocu. W Biblii czytamy, że dwanaście plemion Izraela wywodzi się z dwunastu synów Jakuba. Tych dwanaście plemion ludu izraelskiego stało się narodem, z którego powstało chrześcijaństwo na całym świecie. Nawet Jezus wybrał sobie dwunastu apostołów, przez których głoszona była ewangelia do wszystkich ludów na ziemi.

Dlategoteż, dwanaście rodzajów owoców drzewa życia symbolizuje fakt, że każdy człowiek, bez względu na pochodzenie, jeżeli będzie postępował zgodnie z wiarą, może wydać owoc Ducha Świętego i wejść do nieba.

Jeżeli spożyjesz piękny i kolorowy owoc z drzewa życia, poczujesz się rześki i szczęśliwy. Ponadto, jak tylko zerwiesz owoc z drzewa życia, od razu inny wyrośnie na jego miejsce. Tych owoców nigdy nikomu nie zabraknie. Liście drzewa życia są ciemnozielone i błyszczące, i zawsze takie pozostaną, ponieważ nie spadają ani nie są zjadane. Ciemnozielone i błyszczące liście z drzewa życia są o wiele większe niż liście z drzew na tym świecie i rosną w sposób bardzo uporządkowany.

Tron Boga i Baranka

Apokalipsa 22,3-5 opisuje lokalizację trony Boga i Baranka pośrodku nieba.

„Nic godnego klątwy już [odtąd] nie będzie. I będzie w nim tron Boga i Baranka, a słudzy Jego będą Mu cześć oddawali. I będą oglądać Jego oblicze, a imię Jego – na ich czołach. I [odtąd] już nocy nie będzie. A nie potrzeba im światła lampy i światła słońca, bo Pan Bóg będzie świecił nad nimi i będą królować na wieki wieków."

Tron znajduje się pośrodku nieba

Niebo jest wiecznym miejsce, w którym króluje Bóg z miłością i sprawiedliwością. W Nowym Jeruzalem, które znajduje się pośrodku nieba, jest tron Boga i Baranka. Baranek odnosi się do Jezusa Chrystusa (Księga Wyjścia 12,5; Jan 1,29; 1 Piotra 1,19).

Nikt nie ma wstepu do miejsca, w którym znajduje się Bóg. Znajduje się ono w przestrzeni innego wymiaru niż Nowe Jeruzalem. Tron Boga, który się tam znajduje, jest o wiele piękniejszy i jaśniejszy niż ten w Nowym Jeruzalem.

Tron Boga w Nowym Jeruzalem jest miejscem, gdzie schodzi Bóg, kiedy Jego dzieci oddają Mu cześć. Apokalipsa 4,2-3 opisuje Boga, siedzącego na Swym tronie.

„Doznałem natychmiast zachwycenia: A oto w niebie stał tron i na tronie [ktoś] zasiadał. A Zasiadający był podobny z wyglądu do jaspisu i do krwawnika, a tęcza dokoła tronu – podobna z wyglądu do szmaragdu."

Wokół tronu siedzi dwudziestu czterech starców, odzianych w białe szaty I złote korony na ich głowach. Przed tronem znajduje się siedem duchów Bozych oraz morze szklane, czyste jak kryształ. W środku oraz dokoła trony znajdują się cztery istoty żywe, wielu aniołów i cherubinów.

Co więcej, tron Boga okryty jest światłością. Jest tak piękny, niesamowity, majestatyczny i wielki, że przechodzi ludzkie pojęcie. Po prawej stronie tronu Bożego jest tron Baranka, naszego Pana Jezusa. Tron Baranka różni się od tronu Boga, jednak Bóg w Trójcy, Ojciec, Syn i Duch Święty mają to samo serce, takie same cechy i moc.

Więcej szczegółów na temat tronu Bożego znajduje się w drugiej książce na temat nieba pt. „Wypełnieni chwałą Bożą."

Nocy ani dnia już nie będzie

Bóg ma władzę nad niebem i nad wszechświatem. Miłość i sprawiedliwość są podstawą Jego tronu, który jest jasny, święty i jaśnieje pięknem chwały. Tron Boży znajduje się pośrodku nieba. Obok tronu Bożego stoi tron Baranka, który również jaśnieje chwałą. Dlatego, w niebie nie potrzebne jest światło słońca i księżyca, czy jakiekolwiek inne światło lub elektryczność. W niebie nie ma dnia ani nocy.

List do Hebrajczyków 12,14 zachęca: *„Starajcie się o pokój ze wszystkimi i o uświęcenie, bez którego nikt nie zobaczy Pana."* Zaś Jezus w Ewangelii Mateusza 5,8 obiecuje: *„Błogosławieni czystego serca, albowiem oni Boga oglądać będą."*

Dlatego ci wierzący, którym uda się wyzbyć zła z ich serca i postępują zgodnie ze słowem Bożym, ujrzą Boga twarzą w twarz. Zgodnie z ich podobieństwem do Chrystusa na tym świecie, wierzący będą doświadczać Bożych błogosławieństw na tej ziemi i żyć bliżej tronu Bożego w niebie.

Jakże szczęśliwi będą ludzie, którzy ujrzą Boga twarzą w twarz, będą Mu służyć i dzielić z Nim miłość na wieki wieczne. Jednakże, tak samo, jak niemożliwe jest, aby patrzyć bezpośrednio na słońce z powodu jego jasności, tak samo, ci, którzy nie odzwierciedlaja charakteru Jezusa, nie będą mogli zobaczyć Boga z bliska.

Prawdziwe szczęście na wieki

Możesz cieszyć się prawdziwym szczęściem, robiąc w bienie cokolwiek zapragniesz, ponieważ niebo jest najwspanialszym darem, jaki Bóg przygotował w swojej wielkiej miłości do swoich dzieci. Aniołowie będą służyli dzieciom Bożym, tak jak jest powiedziane w Liście do Hebrajczyków 1,14: *„Czyż nie są oni wszyscy duchami przeznaczonymi do usług, posłanymi na pomoc tym, którzy mają posiąść zbawienie?"* Zgodnie z miarą wiary oraz podobieństwem do charakteru Jezysa, różnić się będą rozmiary domów oraz liczba aniołów, służących ludziom.

Aniołowie będą służyć ludziom jak książętom i księżniczkom, ponieważ aniołowie będą czytać w myślach swoich panów, którym będą służyć i uczynią cokoliek zechcą ich panowie. Co więcej, zwierzęta i rośliny będą kochać dzieci Boże i służyć im. Zwierzęta w niebie będą posłuszne dzieciom Bożym bezwarunkowo i czasami będą próbować się przymilać, aby przypodobać się ludziom, ponieważ nie będzie w nich już zła.

A co z roślinami w niebie? Każda roślina ma piękny i wyjątkowy zapach. Kiedy dzieci Boże będą podchodzić do roślin, te będą uwalniać piękny zapach. Kwiaty będą uwalniać najpiękniejsze zapachy dla dzieci Bożych, a ich zpach będzie się rozprzestrzaniał na odległość. Zapach nigdy nie będzie obumierał, lecz odnawiał się.

Również dwanaście rodzajów owoców z drzewa życia będzie miało swoje szczególne smaki. Jeżeli powąchasz zapach kwaitów lub zjesz z drzewa życia, poczujesz się odświeżony i szczęśliwy tak bardzo, że nie da się tego porównać do czegokolwiek na tym świecie.

Kwiaty w niebie będą się uśmiechać, kiedy podejdą do nich dzieci Boże. Będą tańczyć, a ludzie będą mogli z nimi rozmawiać.

Nawet jeżeli ktoś zerwie kwiat, to nie obumrze on, lecz zostanie odnowiony dzięki mocy Bożej. Zerwany kwiat uniesie się w powietrze i zniknie. Owoce zjedzone przez ludzi również będą rozchodzić się w powietrzu i unosić się jako piękne zapachy, znikając przez oddech.

W niebie będą cztery pory roku i ludzie będą mogli cieszyć się zmianą pór. Ludzie będą odczuwać miłość Bożą, doświadczając szczególnych cech każdej pory roku: wiosny, lata, jesieni i zimy. Ktoś może zapytać: „Czy nadal upał będzie dla nas uciążliwy i będziemy odczuwać zimno nawet w niebie? Pogoda w niebie będzie stwarzać idealne warunki do życia dla dzieci Bożych, więc nie będą cierpieć z powodu upałów czy zimna. Pomimo, że duchoe ciała nie mogą odczuwać zimna lub gorąca w chłodnych lub upalnych miejscach, nadal będą czuć ciepłe i zimne powietrze. Nikt nie będzie cierpiał z powodu warunków pogodowych.

Jesienią dzieci Boże mogą cieszyć się pięknem spadających liści, zimą mogą oglądać biel śniegu. Będą podziwiać piękno o wiele wspanialsze niż piękno tego świata. Powodem, dla którego Bóg zachowa cztery pory roku w niebie jest to, aby pokazać swoim dzieciom, że wszystko jest przygotowane dla nich, aby mogły się tym cieszyć. Jest to przykładem Bożej miłości, która zadowala Jego dzieci, kiedy będą tęsknić za ziemią, na której się urodzili zanim zostały prawdziwymi dziećmi Bożymi.

Niebo jest czterowymiarowym światem, którego nie da się porównać do tego świata. Jest pełne Bożej miłości i mocy, gdzie ludzie będą doświadczać cudownych rzeczy, których teraz nie byliby w stanie sobie wyobrazić. Dowiesz się więcej o wiecznym szczęściu ludzi wierzących w rozdziale 5.

Jedynie ci, których imiona są zapisane z księdze żywota Baranka wejdą do nieba. Jak napisano w Apokalipsie 21,6-8, tylk oten, kto pije wodę życia i staje się dzieckiem Bożym może odziedziczyć królestwo Boże.

„I rzekł mi: Stało się. Jam Alfa i Omega, Początek i Koniec. Ja pragnącemu dam darmo pić ze źródła wody życia. Zwycięzca to odziedziczy i będę Bogiem dla niego, a on dla mnie będzie synem. A dla tchórzów, niewiernych, obmierzłych, zabójców, rozpustników, guślarzy, bałwochwalców i wszelakich kłamców: udział w jeziorze gorejącym ogniem i siarką. To jest śmierć druga."

Zachowywanie przykazań Bożych oraz bogobojność są istotnym obowiązkiem człowieka (Kaz. Sal.12,13). Jeżeli nie boisz się Boga i łaiesz Jego przykazania, nie porzucając grzechu, nie możesz wejść do nieba. Źli ludzie, mordercy, cudzołożnicy, magicy i zwodziciele, którzy zatracili się w grzechu z pewnością nie wejdą do nieba. Ignorują Boga, służą demonom i wierzą innym bogom, podążając za szatanem i diabłem.

Ci, którzy oszukują Boga i bluźnią przeciwko Duchowi Świętemu nigdy nie dostąpią nieba. Jak zostało to wyjaśnione w książce pt. „Piekło," ludzie ci będą cierpieć w piekle na wieki wiczne.

Dlategoteż, modlę się w imieniu Jezusa, abyś nie tylko przyjął Jezusa i przyjął miano dziecka Bożego, ale abyś cieszył się wiecznym szczęściem w pięknym niebie czystym jak kryształ, żyjąc zgodnie ze słowem Boga.

Rozdział 2

Ogród Eden oraz przedsionek nieba

1. Ogród Eden, w którym mieszkał Adam
2. Ludzi doskonalą się na ziemi
3. Przedsionek nieba
4. Ludzie, którzy nie będą musieli czekać wprzedsionku

*A zasadziwszy ogród w Eden na wschodzie,
Pan Bóg umieścił tam człowieka, którego
ulepił. Na rozkaz Pana Boga wyrosły z gleby
wszelkie drzewa miłe z wyglądu i smaczny
owoc rodzące oraz drzewo życia w środku
tego ogrodu i drzewo poznania dobra i zła.*

- Księga Rodzaju 2,8-9 -

Adam, pierwszy człowiek stworzony przez Boga, żył w ogrodzie Eden i komunikował się z Bogiem. Jednak po jakimś czasie Adam popełnił grzech nieposłuszeństwa i zjadł owoc z drzewa poznania dobra i zła, co było zakazane przez Boga. W konsekwencji, duch Adama zmarł. Adam został wypędzony z Edenu i żył na ziemi. Duch Adama i Ewy zmarł, a ich komunikacja z Bogiem została przerwana. Żyjąc na przeklętej ziemi z pewnością tęsknili za ogrodem Eden.

Wszechwiedzący Bóg wiedział o nieposłuszeństwie Adama zanim jego grzech miał miejsce i przygotował plan zbawienia w postaci Jezusa Chrystusa. Każdy może być zbawiony przez wiarę i odziedziczyć niebo, które jest nieporównywalne nawet z Ogrodem Eden.

Kiedy Jezus zmartwychwstał i wrócił do nieba, przygotował przedsionek dla ludzi zbawionych, w którym będą przebywać do Dnia Sądu. Spójrzmy na Ogród Eden i na przedsionek nieba, aby lepiej zrozumieć niebo.

Ogród Eden, w którym mieszkał Adam

Księga Rodzaju 2,8-9 opisuje ogród Eden. Jest to miejsce, gdzie zostali stworzeni i zamieszkali pierwsi ludzie – Adam i Ewa.

„A zasadziwszy ogród w Eden na wschodzie, Pan Bóg umieścił tam człowieka, którego ulepił. Na rozkaz Pana Boga wyrosły z gleby wszelkie drzewa miłe z wyglądu i

smaczny owoc rodzące oraz drzewo życia w środku tego ogrodu i drzewo poznania dobra i zła."

Ogród Eden miał być miejscem zamieszkania Adama, a więc musiał być przygotowany w świecie duchowym. W takim razie, gdzie dzisiaj znajduje się Ogród Eden, dom pierwszego człowieka, Adama?

Lokalizacja Ogrodu Eden

Bóg mówi o niebie w wielu miejscach w Biblii, aby uświadomić nam, że istnieją miejsca w duchowym świecie, których nie możemy zobaczyć gołym okiem. Używa On słowa „niebiosa," abyśmy zrozumieli przestrzeń należącą do duchowego świata.

„Do Pana, Boga twojego, należą niebiosa, niebiosa najwyższe, ziemia i wszystko, co jest na niej" (Księga Powtórzonego Prawa 10,14).

„On uczynił ziemię swą mocą, umocnił świat swą mądrością, a swoim rozumem rozpostarł niebiosa" (Jeremiasz 10,12).

„Chwalcie Go, nieba najwyższe i wody, co są ponad niebem!" (Psalm 148,4)

Dlatego powinniśmy rozumieć, że słowo „niebiosa" oznacza nie tylko niebo, który widzimy gołym okiem. Istnieje pierwsze niebo, do którego należą słońce, księżyc i gwiazdy, drugie niebo oraz trzecie niebo, które należą do świata duchowego. W 2 Liscie do Koryntian 12, Paweł pisze o trzecim niebie. Niebo, poczynając od Raju aż do Nowego Jeruzalem, należą do trzeciego nieba.

Apostoł Paweł był w Raju, który jest miejscem dla tych, którzy mają najmniej wiary. Jest to miejsce najbardziej oddalone od trony Boga. Tam usłyszał o tajemnicach nieba. Wyznał jednak, że są to „rzeczy, o których człowiek mówić nie może."

Jakiego rodzaju duchowym światem jest drugie niebo? Drugie niebo jest inne niż trzecie niebo i ogród Eden, który do niego należy. Większość ludzi uważa, że ogród Eden znajduje się na ziemi. Wielu biblistów oraz badaczy prowadzi badania archeologiczne wokół Mezopotamii oraz w górę rzeki Eufrat i Tygrys na Środkowym Wschodzie. Jednakże jak do tej pory nie udało im się niczego odkryć. Powodem, dla którego ludzie nie mogą znaleźć ogrodu Eden na ziemi jest fakt, że znajduje się on w drugim niebie i należy do świata duchowego.

Drugie niebo jest również miejscem, w którym znajdują się złe duchy, wygnane z nieba po buncie Lucyfera. Księga Rodzaju 3,24 opisuje: *„Wygnawszy zaś człowieka, Bóg postawił przed ogrodem Eden cherubów i połyskujące ostrze miecza, aby strzec drogi do drzewa życia."* Bóg uczynił to, aby powstrzymać złe duchy przed odzyskaniem życia wiecznego, które mogliby odzyskać wchodząc ponownie do Ogrodu Eden i jedząc owoc drzewa życia.

Bramy ogrodu Eden

Nie powinniśmy myśleć, że drugie niebo znajduje się ponad pierwszym niebem, a trzecie niebo ponad drugim niebem. Nie jesteśmy w stanie zrozumieć przestrzeni świata czterowymiarowego, posiadając jedynie wiedzę i zrozumienie świata trójwymiarowego. W takim razie, w jaki sposób zbudowane są niebiosa? Świat trójwymiarowy, który widzimy oraz świat duchowy wydają się być oddzielone, jednak ich istnienie jest połączone i zachodzi się wzajemnie. Istnieje brama, która oddziela świat trójwymiarowy od świata duchowego.

Pomimo tego, że nie możemy ich zobaczyć, istnieją bramy, które łączą pierwsze niebo z ogrodem Eden w drugim niebie. Jest również brama, która prowadzi do trzeciego nieba. Ta brama nie znajduje się zbyt wysoko, lecz mniej więcej na poziomie chmur, które można zobaczyć z samolotu.

Biblia opisuje nam bramy nieba (Ks. Rodzaju 7,11; 2 Królewska 2,11; Łuk. 9,28-36; Dz. Ap. 1,9; 7,56). Kiedy otworzy się brama nieba, możliwe będzie wejście na różne poziomy nieba w świecie duchowym, więc zbawieni będą w stanie wejść do trzeciego nieba.

Tak samo z Hadesem i piekłem. Są to miejsca, które należą do świata duchowego i istnieją bramy, które do nich prowadzą. Tak więc, kiedy umierają ludzie niewierzący, idą do Hadesu, który jest częścią piekła lub też bezpośrednio do piekła właśnie przez te bramy.

Współistnienie wymiaru duchowego i fizycznego

Ogród Eden, który jest częścią drugiego nieba, znajduje się w duchowym świecie, jednak różni się od duchowego świata trzeciego nieba. Ogród Eden nie jest w pełni światem duchowym, ponieważ współistnieje ze światem fizycznym.

Innymi słowy, ogród Eden znajduje się pośrodku świata duchowego i fizycznego. Pierwszy człowiek, Adam, był duchem, jednak nadal miał fizyczne ciała, stworzone z prochu ziemi. Więc Adam i Ewa rozmnażali się i napełniali ziemię, rodząc dzieci w taki sam sposób, jak my (Ks. Rodz. 3,16).

Nawet kiedy pierwszy człowiek zjadł z drzewa poznania dobra i zła i został wygnany z ogrodu Eden, jego dzieci, które pozostały w ogrodzie Eden nadal żyją duchowym życiem, nie znając co to śmierć. Ogród Eden był spokojnym miejscem, w którym nie było śmierci. Istnieje dzięki mocy Boga i jest kontrolowany zgodnie z zasadami i zaleceniami Bożymi. Pomimo tego, że nie ma rozróżnienia między dniem i nocą, potomkowie Adama naturalnie wiedzą, kiedy powinni być aktywni, a kiedy powinni odpoczywać.

Ponadto, ogród Eden ma podobne cechy jak nasza ziemia. Jest pełen roślin, zwierząt i robaków. Ma piękną naturę. Jednak nie ma tam wysokich gór, jedynie wzgórza. Na wzgórzach są domy, jednak ludzie jedynie w nich odpoczywają.

Miejsce wakacji Adama i jego dzieci

Pierwszy człowiek Adam żył długo w ogrodzie Eden, rozmnażając się. Ponieważ Adam i jego dzieci byli duchami, mogli bez problemu zejść na ziemię poprzez bramy drugiego nieba.

Ponieważ Adam i jego dzieci odwiedzali ziemię jako miejsce wakacyjne przez długi czas, powinniśmy sobie uświadomić, że historia ludzkości jest bardzo długa. Niektórzy mylą ją z historią ziemi, któa liczy 6 tysięcy lat, i nie wierzą Biblii.

Jeżeli dokładnie przyjrzysz się tajemniczej starożytnej cywilizacji, uświadomisz sobie, że Adam i jego dzieci przybywali kiedyś na ziemię. Piramidy i Sfinks z Gizy, Egipt są śladami Adama i jego dzieci, którzy mieszkali w ogrodzie Eden. Takie ślady, odnajdywane na całym świecie, powstały dzięki o wiele bardziej wyszukanej i zaawansowanej technologii i nauce, której nawet dzisiejsza nauka i technologia nie są w stanie odtworzyć. Na przykład, piramidy powstały dzięki cudownym matematycznym obliczenion oraz wiedzy goemetrycznej i astrologicznej, którą możemy pojąć jedynie przez zaawansowane badania naukowe. Kryją w sobie wiele tajemnic, które możemy pojąć, znając jedynie dokładne konstelacje i układ wszechświata. Niektórzy ludzie uważają tajemnicze starożytne cywilizacje za ślad po kosmitach z innych światów, jednak dzięki Biblii, możemy rozwiązać wiele zagadek, których nie rozumie nawet nauka.

Ślady cywilizacji Edenu

Adam, który mieszkał w ogrodzie Eden, posiadał ogrom wiedzy i umiejętności. Było to wynikiem tego, ży Bóg nauczał Adama prawdy, a taka wiedza i zrozumienie rozwijały się z czasem. Tak więc dla Adama, który wiedział wszystko o wszechświecie i o ziemi, zbudowanie piramid i Sfinksa nie było trudne. Ponieważ Bód nauczał Adam bezpośrednio, to właśnie on jako pierwszy człowiek wiedział wszystko, czego dzisiejszy człowiek nie jest w stanie pojąć pomimo nowoczesnej nauki.

Niektóre piramidy zostały wybudowane dzięki wiedzy i umiejętnościom Adama, inne zostały wybudowane przez jego dzieci, a jeszcze inne przez ludzi, którzy probowali naśladować Adama przez długi czas. Wszystkie te piramidy mają różnice technologiczne, ponieważ jedynie Adam miał nadaną mu przez

Boga władzę, aby panować nad stworzeniem.

Adam przez długi czas mieszkał w ogrodzie Eden, schodząc na ziemię od czasu do czasu, jednak został wypędzony z Edenu, kiedy popełnił grzech nieposłuszeństwa. Jednak Bóg nie od razu zamknął bramy łączące ogród Eden z ziemią.

Dlatego dzieci Adama, które nadal mieszkały w ogrodzie Eden schodziły na ziemię. Kiedy przychodziły na ziemię coraz częściej, zaczęli sobie brać za żony córki ludzie (Ks. Rodz. 6,1-4).

Wtedy, Bóg zamknął bramy nieba, które łączyły ogród Eden z ziemią. Podróże nie w pełni zostały jednak powstrzymane, lecz Bóg kontrolował je jak nigdy wcześniej. Musisz sobie uświadomić, że większość tajemnic oraz nierozwiązanych zagadek starożytnych cywilizacji są śladami Adama i jego dzieci z czasów, kiedy mogli z łątwością schodzić na ziemię.

Historia ludzi i dinozaurów na ziemi

Jak to możliwe, że na ziemi żyły dinozaury, które nagle wyginęły? Jest to jeden z bardzo istotnych dowodów, które świadczą o tym, jak długa w rzeczywistości jest historia tej ziemi. Jest to tajemnice, którą można rozwikłać jedynie za pomocą Biblii.

Bóg umieścił dinozaury w ogrodzie Eden. Dinozaury były łagodne, jednak zostały zrzucone na ziemię, ponieważ wpadły w pułapkę szatana w czasie, kiedy Adam mógł swobodnie podróżować na ziemię. Dinozaury, które zostały zrzucone na ziemię, wciąż musiały szukać czego do jedzenia. W przeciwieństwie do czasu, kiedy żyły w ogrodzie Eden, gdzie wszystkiego było pod dostatkiem, ziemia nie wydawała wystarczającej ilości pokarmu, aby zaspokoić głód wielkich dinozaurów. Zjadały owoce, ziarna i rosliny, lecz później zaczęły również zjadać zwierzęta. Dinozaury były zagrożeniem dla środowiska i łąńcucha pokarmowego. W końcu Bóg zdecydował, że nie może już dłużej pozwolić dinozaurom żyć na ziemi i zniszczył je ogniem z nieba.

W dzisiejszych czasach wielu naukowców twierdzi, że dinozaury żyły na ziemi przez długi czas. Uważają, że zamieszkiwały ziemię przez ponad 160 milionów lat. Jednakże, żadna z tych teorii nie wyjaśnia, w jaki sposób taka wielka liczba dinozaurów znalazła się na ziemi tak nagle, aby równie nagle wyginąć. Ponadto, jeżeli tak wielka liczba dinozaurów żyła na ziemi przez tak długi czas, co jadły, aby pozostać przy życiu?

Zgodnie z teorią ewolucji, zanim pojawiły się na ziemi różne gatunki dinozaurów, na ziemi musiało żyć wiele innych gatunków mniejszych stworzeń, jednak i na to nie ma żadnego dowodu. Ogólnie, jakikolwiek gatunek zwierząt potrzebuje czasu, aby wyginąć całkowicie. Jednak dinozaury wyginęły nagle.

Naukowcy uważają, że było to wynikiem nagłej zmiany klimatu, wirusa, promieniowania spowodowanego wybuchem gwiazdy lub zderzenia meteorytu z ziemią. Jednak gdyby taka zmiana była wystarczająca katastroficzna, aby zniszczyć gatunek dinozaurów, wyginęłyby również wszelkie inne gatunki roslin i zwierząt. Jednak inne rośliny, ptaki i ssaki nadal żyją, tak więc rzeczywistość nie wspiera teorii ewolucji.

Nawet zanim dinozaury pojawiły się na ziemi, Adam i Ewa żyli w ogrodzie Eden, od czasu do czasu odwiedzając ziemię. Historia ziemi jest bardzo długa.

Więcej informacji na ten temat można znaleźć w moich wykładach na temat powstania świata. Od tej chwili, chciałbym przedstawić piękną naturę ogrodu Eden.

Piękno Edenu

Wyobraź sobie, że leżysz wygodnie na boku nałące pełnej świeżych drzew i kwiatów. Światło delikatnie otula twoje ciało. Patrzysz na błękitne niebo, po którym płyną czyste białe chmurki w rozmaitych kształtach.

W dole wzgórza pięknie lśni tafla jeziora, a delikatna bryza, która przynosi zapach kwiatów działa na twoje zmysły. Możesz w spokoju rozmawiać z ukochanymi osobami i cieszyć się swoim szczęściem. Możesz leżeć na szerokich pastwiskach lub łąkach pełnych kwiatów, które uwalniają piękny zapach, kiedy je dotykasz. Możesz leżeć w cieniu drzewa, na którym wisi wiele smakowitych owoców i zjadać tyle owoców, ile zapragniesz.

W jeziorze i morzu pływa niazliczona liczba pięknych ryb. Możesz pójść na pobliską plażę i cieszyć się świeżością fal i pięknem białego piasku, który lśni w promieniach słońca. Jeżeli masz ochotę, możesz popływać jak rybka.

Piękne jelenie, króliki i wiewiórki z cudownymi błyszczącymi oczami przychodzą do ciebie i przymilają się. Na wielkiej łące wiele zwierząt bawi się ze sobą.

To właśnie jest ogród Eden, w którym panuje pełnia pokoju i radości. Wielu ludzi na świecie chciałoby zamienić swoje zabiegane życie na taki pokój i łagodność choć na chwilę.

Obfitość życia w ogrodzie Eden

Ludzie w ogrodzie Eden mogą jeść na co mją ochotę i cieszyć

się życiem mimo, że nie pracują. Nie ma trosk, smutku ani strachu, ogród Eden jest pełny radości, zadowolenia i spokoju. Wszystko funkcjonuje zgodnie z zasadami ustanowionymi przez Boga, a ludzie mogą cieszyć się życiem wiecznym mimo, że na nic nie zapracowali.

Ogród Eden, który jest podobny do tej ziemi, zachował większość jej cech. Jednak ogród nie został zanieczyszczony ani nie zmiania się od samego początku, zachował piękno i czystość natury w przeciwieństwie do tej ziemi.

Ponadto, pomimo że ludzie mieszkający w ogrodzie Eden nie noszą ubrań, nie czują się zawstydzeni ani nie odczuwają pożądania, ponieważ ich natura nie jest grzeszna i nie mają zła w swoich sercach. To tak, jakby małe dziecko bawiło się nago, całkowicie beztroskie i nieświadome tego, co inni mogą myśleć lub powiedzieć.

Środowisko ogrodu Eden odpowiada ludiom, nawet jeżeli nie noszą ubrań. Nie czują się zawstydzeni pomimo swojej nagości. Jakże wspaniale byłoby nie musieć się martwić, że komary lub inne robaki zaszkodzą naszej skórze!

Niektórzy ludzie noszą ubrania. Są liderami pewnych grup. W ogrodzie Eden są zasady i porządek. W każdej grupie jest lider, a jej członkowie słuchają go i podążają za nim. Liderzy noszą ubrania, aby pokazać swoją pozycję – a nie aby okryć swoje ciała, chronić je lub ozdobić.

Księga Rodzaju 3,8 opisuje zmianę temperatury w ogrodzie Eden: *„Gdy zaś mężczyzna i jego żona usłyszeli kroki Pana Boga przechadzającego się po ogrodzie, w porze kiedy był powiew wiatru, skryli się przed Panem Bogiem wśród drzew ogrodu."* Ludzie odczuwali chłód w ogrodzie Eden. Nie oznacza to jednak, że pocili się podczas upału lub trzęśli z zimna w chłodniejszy dzień tak, jak na ziemi.

Ogód Eden zawsze ma najbardziej odpowiednią dla ciała ludzkiego temperaturę, wilgotność oraz wiatr, aby ludzie nie odczuwali dyskomfortu spowodowanego zmianami temperatury. Ponadto, w ogrodzie Eden nie ma dnia ani nocy. Światło Boga Ojca oświetla ogród, więc zawsze jest tam jasno. Ludzie nie potrzebują czasu na odpoczynek, a rozróżniają czas między aktywnościa i odpoczynkiem przez zmiany temperatury.

Zmiana temperatury nie oznacza gwałtownego wzrostu lub spadku temperatury, który sprawiłby, że ludzie nagle czują się rozgrzani lub wychłodzeni. Jednak pozwoli im wygodnie odpocząć, dzięki orzeźwiającej bryzie.

Ludzi doskonalą się na ziemi

Ogród Eden jest tak duży i szeroki, że trudno sobie wyobrazić jego wielkość. Jest miliard razy większy niż ziemia. Pierwsze niebo, w którym ludzie żyją jedynie 70-80 lat wydaję się bezkresne, rozciągając się od układu słonecznego do odległych galaktyk. O ileż większy jest jednak ogród Eden, gdzie ludzie rozmnażają się i nigdy nie umierają?

Jednak bez względu na to, jak piekny, obfity i duży jest ogród Eden, nie można go porównać do żadnego miejsca w niebie. Nawet Raj, który jest przedsionkiem nieba, jest o wiele piękniejszym i szczęśliwszym miejscem. Życie wieczne w ogrodzie Eden różni się od wiecznego życia w niebie.

Dlatego, poznając Boży plan oraz historię Adama, który

został wyrzucony z ogrodu Eden i żył na ziemi, zobaczysz, w jaki sposób ogród Eden rózni się od przedsionku nieba.

Drzewo poznania dobra i zła w ogrodzie Eden

Pierwszy człowiek Adam mógł jeść wszystko, an co miał ochotę, był panem stworzenia i żył wiecznie w ogrodzie Eden. Jednak, kiedy przeczytasz Księgę Rodzaju 2,16-17, Bóg mówi do niego: *„A przy tym Pan Bóg dał człowiekowi taki rozkaz: Z wszelkiego drzewa tego ogrodu możesz spożywać według upodobania; ale z drzewa poznania dobra i zła nie wolno ci jeść, bo gdy z niego spożyjesz, niechybnie umrzesz."* Mimo tego, że Bóg dał Adamowi wielką władzę nad stworzeniem i wolną wolę, wyraźnie zabronił mu spożywać z drzewa poznania dobra i zła. W ogrodzie Eden było wiele pięknych, kolorowych i smakowitych owoców, których nie można porównać do owoców na ziemi. Bóg dał Adamowi wszystkie owoce i Adam mógł jeść, ile chciał.

Owoc z drzewa poznania dobra i zła był jednak wyjątkiem. Musisz sobie uświadomić, że mimo iż Bóg wiedział, że Adam zje owoc z drzewa poznania dobra i zła, nie pozostawił Adama samemu sobie, aby popełnił grzech. Wielu ludzie źle rozumie tę kwestię. Gdyby Bóg zamierzał sprawdzić Adama, umieszczając drzewo poznania dobra i zła w Edenie, wiedząc, że Adam zgrzeszy, nie zabroniłby mu tak wyraźnie. Tak więc Bóg nie umieścił drzewa poznania dobra i zła w ogrodzie Eden celowo, aby Adam zjadł z drzewa lub aby go sprawdzić.

Jak napisano w Liście Jakupa 1,13: *„Kto doznaje pokusy, niech nie mówi, że Bóg go kusi. Bóg bowiem ani nie podlega pokusie ku złemu, ani też nikogo nie kusi."* Bóg nie kusił Adama celowo.

Dlaczego więc umieścił drzewo poznania dobra i zła w Edenie?

Jeżeli odczuwasz radość i szczęście, to dlatego, że doświadczyłeś przeciwnych odczuć smutku, bólu i stresu. Tym samym, jeżeli wiesz, że dobro, prawda i światło są dobre, to znaczy, że doświadczyłeś i wiesz, że zło, fałsz i ciemność są złe.

Jeżeli nie doświadczyłeś względności, nie jesteś w stanie odczuć w swoim sercu, że miłość, dobro i szczęście są dobre nawet jeżeli wiesz, że tak jest, ponieważ o tym słyszałeś.

Na przykład, czy osoba, która nigdy nie była chora lub nie widziała nikogo chorego może wiedzieć, czym jest ból spowodowany chorobą? Taka osoba może nawet nie być świadoma, że dobrze jest być zdrowym. Ponadto, jeżeli ktoś nigdy nie był w potrzebie i nie znał kogoś, kto był w potrzebie, ile może wiedzieć na temat ubóstwa? Taka osoba nie będzie świadoma, jak dobrze jest być bogatym, bez względu na to, jaka jest bogata. Podobnie, jeśli ktoś nie doświadczył biedy, nie może być prawdziwie wdzięczny.

Jeżeli ktoś nie jest świadomy tego, jak dobre rzeczy posiada, nie zna wartości szczęścia, którego doświadcza. Jednakże, jeżeli ktoś doświadczył bólu spowodowanego chorobą lub smutku z powodu biedy, będzie w stanie być wdzięczny w głębi serca za szczęście, jakie wypływa z faktu, że jest się zdrowym i bogatym. To właśnie dlatego, Bóg musiał umieścić drzewo poznania dobra i zła w ogrodzie Eden.

Dlatego, Adam i Ewa, którzy zostali wygnani z ogrodu Eden, doświadczyli względności i uświadomili sobie miłość oraz błogosławieństwa, które dał im Bóg. Dopiero wtedy mogli rzeczywiście stać się dziećmi Bożymi, ponieważ poznali wartość prawdziwego szczęścia i życia.

Jednak, Bóg nie poprowadził Adama tą drogą celowo. Adam wybrał nieposłuszeństwo zgodnie ze swoją wolną wolą. Na szczęście, Bóg w swojej miłości i sprawiedliwości opracował plan zbawienia ludzkości.

Bóg prowadzi człowieka

Kiedy ludzie zostali wygnani z ogrodu Eden i zaczęli zamieszkiwać tę ziemię, musieli doświadczyć cierpienia, łez, smutku, bólu, chorób i śmierci. Jednak to doprowadziło ich do poczucia prawdziwego szczęścia oraz cieszenia się życiem wiecznym w niebie w całkowitej wdzięczności.

Dlatego, umieszczając człowieka na ziemi, Bóg uczynił nas prawdziwymi ludźmi, co jest przykładem Jego cudownej miłości i planu zbawienia. Rodzice nie uważają, że szkolenie oraz karanie dzieci jest stratą czasu, jeżeli chcą zmienić je na lepsze, aby dzieci osiągnęły sukces. Ponadto, jeżeli dzieci wierzą w sukces, który osiągną w przyszłości, będą cierpliwe i przezwyciężą trudności.

Podobnie, kiedy myślisz o prawdziwym szczęściu, którego możesz doświadczyć w niebie, życie na tej ziemi nie jest czymś trudnym czy bolesnym. Zamiast tego, życie zgodne ze słowem Bożym byłoby okazaniem Mu wdzięczności, ponieważ oznacza, że mamy nadzieję na chwałę, którą otrzymamy później.

Tak więc kogo bardziej miłuje Bóg – tym, którzy są rzeczywiście wdzięczni, ponieważ doświadczyli trudnych czasów na ziemi czy też ludzi w ogrodzie Eden, którzy nie doceniają tego, co mają, pomimo tego, że żyją w tak cudownym i obfitym otoczeniu?

Bó umieścił Adama na ziemi po wygnaniu go z ogrodu Eden i prowadzi jego potomstwo na ziemi, aby uczynić ich swymi prawdziwymi dziećmi. Kiedy życie na ziemi zakończy się, a mieszkania w niebie będą gotowe, Pan powróci. Jeżeli zamieszkasz w niebie, doświadczysz wiecznego szczęścia, ponieważ nawet najniższe poziomy nieba nie są porównywalne z pięknem ogrodu Eden.

Dlatego, powinieneś uświadomić sobie Bożą opatrzność i stać się prawdziwym dzieckiem Bożym, które postępuje zgodnie z Jego słowem.

Przedsionek nieba

Potomkowie Adama, którzy sprzeciwili się Bogu, wybrali śmierć oraz Dzień Sądu (Hebr. 9,27). Jednak dusza ludzka jest nieśmiertelna i pójdzie do piekła lub do nieba.

Jednakże, ludzie nie idą bezpośrednio do piekła lub do nieba, lecz czekają w przedsionku nieba lub piekła. Dla kogo przygotowany jest przedsionek do nieba, gdzie czekają dzieci Boże?

A na koniec duch opuszcza ciało

Kiedy osoba umiera, duch opuszcza ciało. Po śmierci, każdy, kto o tym nie wiedział będzie zaskoczony, kiedy zobaczy dokładnie tę samą osobę. Nawet jeżeli jest to osoba wierząca, jakże dziwne to będzie uczucie, kiedy dusza opuści ciało?

Jeżeli przejdziesz ze świata trójwymiarowego do świata

czterowymiarowego, wszystko będzie wydawać się inne. Ciało wydaje się lekkie, a tobie będzie się wydawać, że latasz. Jednakże nie będziesz miał wtedy pełnej wolności nawet jeżeli duch opiści ciało.

Tak, jak małe ptaki nie potrafią latać od razu pomimo, że rodzą się ze skrzydłami, będziesz potrzebować trochę czasu, aby się przystosować do świata duchowego i nauczyć się podstawowych rzeczy.

Więc ci, którzy umierają, wierząc w Jezusa zostaną odprowadzenie przez dwóch aniołów do wyższego grobu. Tam dowiedzą się o życiu w niebie od aniołów i proroków.

Jeżeli czytasz Biblię, jesteś świadomy tego, że istnieją dwa rodzaje grobów. Praojcowie wiary, tacy jak Jakub czy Job mówili, że pójdą do grobu, kiedy umrą (Ks. Rodz. 37,35; Job 7,9). Korah i jego ludzie, którzy sprzeciwili się Mojżeszowi, człowiekowi Bożemu, spadli do grobu żywcem (Ks. Liczb 16,33).

Ewangelia Łukasza 16 ilustruje bogatego człowieka i nędzarza o imieniu Łazarz, którzy po śmierci idą do grobu. Jednak to nie ten sam „grób." Bogaty człowiek cierpi w ogniu, podczas gdy Łazarz odpoczywa u boku Abrahama.

Podobnie, jest grób dla zbawionyc oraz dla tych, którzy nie dostąpią zbawienia. Gród Koraha i jego ludzi, oraz bogacza kończy cię w Hadesie, który jest również nazywany „niższym grobem," który jest częścią piekła, jednak grób, w którym znalazł się Łazarz jest „wyższym grobem," który jest częścią nieba.

Trzydniowy pobyt w „wyższym grobie"

W czasach Starego Testamentu, ci, którzy zostali zbawieni,

czekali w „wyższym grobie." Ponieważ Abraham, praojciec wiary, miał władzę w „wyższym grobie," żebrak Łazarz był u boku Abrahama w Łukaszu 16. Jednak, po zmartwychwstaniu Jezusa i Jego powrocie do nieba, ci, którzy zostali zbawieni, nie idą już do „wyższego grobu" u boku Abrahama. Pozostają w „wyższym grobie" przez trzy dni, a następnie udają się do Raju. Są z Jezusem w przedsionku nieba.

Jezus powiedział w Jan 14,2: *„W domu Ojca mego jest mieszkań wiele. Gdyby tak nie było, to bym wam powiedział. Idę przecież przygotować wam miejsce."* Po Jego zmartwychwstaniu I powrocie do nieba, Pan przygotowuje miejsce dla ludzi wierzących. Dlatego, ponieważ Pan przygotowuje mieszkania dla swoich dzieci, zbawieni czekają w przedsionku nieba, gdzieś w Raju.

Niektórzy zastanawiają się, jak wiele osób jest w Raju od czasów stworzenia, jednak nie ma obawy. Nawet nasz układ słoneczny jest jedynie kropeczką w galaktyce. Jak wielka jest galaktyka? W porównaniu do całego wszechświata, galaktyka jest niewielką kropką. W takim razie, jaki duży jest wszechświat?

Co więcej, ten wszechświat jest jednym z wielu, tak więc niemożliwe jest ogarnięcie rozmiaru całego wszechświata. Jeżeli ten fizyczny świat jest tak duży, o ileż większy musi być świat duchowy?

Przedsionek nieba

Jakim miejscem jest przedsionek nieba, gdzie oczekują zbawieni po trzech dniach przystosowania w "wyższym grobie"?

Kiedy ludzie widzą piękne miejsca, mówią: „To jest niebo

na ziemi" lub „Tutaj jest jak w ogrodzie Eden." Jednak ogród Eden jest nieporównywalny z żadnych miejscem na świecie. W ogrodzie Eden prowadzili cudowne życie pełne szczęścia, spokoju i radości. A jednak ogród Eden wydaje się tak wspaniały jedynie dla ludzi na ziemi. Kiedy pójdziemy do nieba, od razu zniknie nasz zachwyt ogrodem Eden.

Tak, jak ogórd Eden jest nieporównywalny do tej ziemi, tak niebo jest nieporównywalne z ogrodem Eden. Istnieje fundamentalna różnica między szczęściem w ogrodzie Eden, który jest częścią drugiego nieba, a szczęściem w przedsionku do Raju, który jest częścią trzeciego nieba, ponieważ ludzie w ogrodzie Eden nie są prawdziwie dziećmi Bożymi, których serca są odrodzone.

Pozwólcie, że dam wam przykład, który pomoże lepiej to zrozumieć. Elektryczność była używana już w dawnych czasach. Przodkowie Koreańczyków używali lamp naftowych. Jednak światło, które dawały lampy naftowe było ciemne w porównaniu do światła elektrycznego, z którego korzystamy dzisiaj. Mimo to, światło z lampy naftowej było bardzo cenne podczas nocnych ciemności. Kiedy ludzie zaczęli korzystać z elektryczności, ci, którzy byli przyzwyczajeni do lamp naftowych, byli zaskoczeni światłem elektrycznym i oślepieni jego jasnością.

Jeżeli uważasz, że nasz ziemia jest pełna ciemności i pozbawiona światła, możesz powiedzieć, że w ogrodzie Eden używano lampy naftowe, natomiast niebo jest miejsce, w którym używa się elektryczności. Tak, jak światło lampy naftowej i światło elektryczne są zupełnie różne, pomimo tego, że są światłem, tak i przedsionej nieba jest zupełnie różny od ogrodu Eden.

Przedsionek nieba znajdujący się na granicy Raju

Przedsionek nieba znajduje się na granicy Raju. Raj jest miejscem, dla ludzi o najmniejszej wierze, które jest najbardziej oddalone od tronu Bożego. Raj jest bardzo duży.

Ludzie, którzy czekają na granicy Raju uczą się nauk duchowych od proroków. Uczą się na temat Boga i Trójcy, nieba, zasad duchowego świata, itp. Zakres tej wiedzy nie ma końca. Jednak uczenie się duchowych rzeczy nigdy nie jest nudne ani trudne w przeciwieństwie do niektórych rzeczy, których musimy uczyć się na ziemi. Im więcej się uczysz, tym bardziej jesteś zaskoczony i oświecony.

Nawet na tej ziemi, ludzie, którzy oczyścili swoje serca mogą porozumiewać się z Bogiem i nabywać wiedzy duchowej. Niektórzy widzą świat duchowy, ponieważ ich oczy duchowe są otwarte. Ponadto, niektórzy są świadomi rzeczy duchowych dzięki inspiracji Ducha Świętego. Mogą uczyć się o wierze oraz zasadach, dzięki którym otrzymuje się odpowiedzi na modlitwy, więc nawet w świecie fizycznym, mogą doświadczyć mocy Bożej.

Jeżeli możesz uczyć się o kwestiach duchowych oraz doświadczać mocy Boga w świecie fizycznym, będziesz szczęśliwszy i aktywniejszy. O ileż bardziej byłbyś szczęśliwy i radosny, gdybyś mógł nauczyć się duchowych rzeczy czekając w przedsionku nieba!

Wiadomości z tego świata

Jakim życiem cieszą się ludzie, którzy czekają w przedsionku nieba? Doświadczają prawdziwego pokoju i czekają na to, aby zamieszkać w wiecznych domach w niebie. Niczego im nie brakuje, lecz cieszą się szczęściem i zadowoleniem. Nie marnują czasu, lecz nadal uczą się wielu rzeczy od aniołów i proroków. Wśród nich są również liderzy, dlatego ich życie jest uporządkowane. Nie mogą schodzić na ziemię, więc ciągle są ciekawi, co się tam dzieje. Nie są ciekawi rzeczy ziemsknich, ale odczuwają ciekawość w kwestiach związanych ze sprawami Bożymi i Jego królestwem, np. „Jak ma się kościół, do którego należałem?" „Ile udało się kościołowi osiągnąć?" „Jak idzie misja światowa?"

Tak więc są bardzo zadowoleni, słuchają informacji na temat tego świata od aniołów, którzy przychodzą na ziemię lub od proroków w Nowym Jeruzalem.

Bóg odkrył przede mną, którzy członkowie z mojego kościoła znajdują się obecnie w przedsionku nieba. Modlą się w różnych miejscach i czekają, aby usłyszeć wiadomości o moim kościele. Są szczególnie zainteresowani obowiązkami kościelnymi, misją światową oraz Wielkim Sanktuarium. Są bardzo szczęśliwi, kiedy słyszą dobre wieści. Tak więc, słysząc o naszych misja i uwielbieniu Boga, są podekscytowani i zadowoleni tak bardzo, że świętują.

Ludzie w przedsionku nieba są szczęśliwi i zadowoleni, słysząc wieści dochodzące z ziemi.

Porządek panujący w przedsionku nieba

Ludzie na różnych poziomach wiary, którzy dostaną się do różnych części nieba po Dniu Sądu, wszyscy czekają w przedsionku nieba. Rozkazy są proste i dokładne. Ludzie, których wiara jest mniejsza okazują szacunek ludziom większej wiary poprzez pochylenie głowy. Duchowe polecenia nie zostały ustalone na tym świecie, lecz są zgodne z uświęceniem i wiarą w wypełnianiu obowiązków, danych ludziom przez Boga.

W ten sposób, polecenia są wypełnione, ponieważ Bóg sprawiedliwości króluje w niebie. Ponieważ polecenia zostały ustalone w oparciu o jasność światłą, wymiar dobroci oraz wielkość miłości każdej osoby wierzącej, nitk nie może narzekać. W niebie, każdy jest posłuszny duchowym poleceniem, ponieważ w umysłach zbawionych nie ma żadnego zła.

Jednakże, polecenia Boże oraz oddawanie mu chwały nie wypływają z przymusu. Wypływają jedynie z miłości oraz szacunku oddanych i szczerych serc. Datego, w przedsionku nieba, ludzie okazują sobie nawzajem szacunek poprzez pochylenie głowy, ponieważ naturalnie odczuwają duchową różnicę.

Ludzie, którzy nie będą musieli czekać w przedsionku

Wszyscy ludzie, którzu wejdą do odpowiednich miejsc w niebie po Dniu Sądu, obecnie przebywają na granicy Raju, w przedsionku nieba. Są jednak wyjątki. Ludzie, którzy wejdą do Nowego Jeruzalem, najpiękniejszego miejsca w niebie, pójdą prosto do Nowego Jeruzalem i będą pomocnikami Boga. Ci ludzie, których serce jest czyste i piękne jak kryształ, żyją w miłości Bożej i pod Jego szczególną opieką.

Będą pomocnikami Boga w Nowym Jeruzalem

Gdzie są nasi praojcowie wiary, uświęceni i wierni domowi

Bożemu, tacy jak Eliasz, Abraham, Mojżesz oraz apostoł Paweł? Czy znajdują się na granicy Raju, w przedsionku nieba? Nie. Ponieważ ci ludzie są w pełni uświęceni i odzwierciedlają charakter Boga, dlatego od razu znaleźli się w Nowym Jeruzalem. Jednak, ponieważ Dzień Sądu jeszcze się nie odbył, nie mogą udać się do swoich wiecznych domów.

Gdzie w taki razie jest ich miejsce w Nowym Jeruzalem? W Nowym Jeruzalem, któe ma 1500 mil szerokości, długości i wysokości, znajduje się kilka duchowym przestrzeni innego wymiaru. Są to miejsca, gdzie znajduje się tron Boga, zbudowane już domy oraz inne miejsca, gdzie praojcowie wiary, którzy weszli już do Nowego Jeruzalem pracuję z Panem.

Nasi praojcowie wiary, którzy znajdują się już w Nowym Jeruzalem czekają z tęsknotą na dzień, kiedy wejdą do swoich wiecznych domów, jednak obecnie są pomocnikami Boga i wraz z nim przygotowują nam miejsca. Z tęsknotą czekają na wejście do swoich domów, ponieważ nastąpi to dopiero po powtórnym przyjściu Jezusa, siedmioletnim weselu oraz okresie tysiąclecia na ziemi.

Apostoł Paweł, pełen nadziei na niebo, wyznaje w 2 Liście do Tymoteusza 4,7-8:

> *„W dobrych zawodach wystąpiłem, bieg ukończyłem, wiarę ustrzegłem. Na ostatek odłożono dla mnie wieniec sprawiedliwości, który mi w owym dniu odda Pan, sprawiedliwy Sędzia, a nie tylko mnie, ale i wszystkich, którzy umiłowali pojawienie się Jego."*

Ci, którzy toczą dobry bój i maja nadzieję na powrót Jezusa

mają również nadzieję na to, że otrzymają nagrodę oraz swoje miejsce w niebie. Taki rodzaj wiary i nadziei może wzrastać jeżeli zgłębisz swoją wiedzę na temat duchowej rzeczywistości. Dlatego właśnie podjąłem się szczegółowego opisania nieba.

Ogród Eden, który znajduje się z drugim niebie lub przedsionek nieba, który znajduje się w trzecim niebie są o wiele piękniejsze niż ten świat, jednak nawet te miejsca nie mogą być porównywane z chwałą i pięknem Nowego Jeruzalemu, gdzie znajduje się tron Boga.

Dlatego, modlę się w imieniu Jezusa, żebyś nie tylko zmierzał drogą do Nowego Jeruzalem z wiarą i nadzieją, jakie miał apostoł Paweł, ale również prowadził wiele dusz drogą zbawienie, głosząc ewangelię, nawet za cenę życia.

Rozdział 3

Siedmioletnie wesele

1. Powrót Jezusa i siedmioletnie wesele
2. Tysiąclecie
3. Nagroda w postaci nieba po Dniu Sądu

*Błogosławiony i święty,
kto ma udział w pierwszym zmartwychwstaniu:
nad tymi nie ma władzy śmierć druga, lecz będą
kapłanami Boga i Chrystusa
i będą z Nim królować tysiąc lat.*

- Apokalipsa 20,6 -

Zanim otrzymasz nagrodę i rozpoczniesz życie wieczne w eniebie, musisz przejść przez sąd Białego Tronu. Przed dniem Sądu Najwyższego, następi przyjeście Jezusa, siedmioletnie wesele oraz okres tysiąclecia. To wszystko Bóg przygotował dla swoich umiłowanych dzieci, które zachowają wiarę na ziemi. Bóg pozwoli im zaznać smaku nieba.

Dlatego, ci, którzy wierzą w powtórne przyjście Jezusa i mają nadzieję na spotkanie Tego, który jest naszym Oblubieńcem, będą z utęsknieniem oczekiwać na siedmioletnie wesele oraz okres tysiąclecia. Słowo Boga zapisane w Biblii jest prawdą i wsszystkie proroctwa wypełniają się na naszych oczach.

Powinniśmy wierzyć w Boga i jako Jego oblubiennica przygotować się na wesele. Musimy sobie uświadomić, że jeżeli zaśniemy i nie będziemy postępować zgodnie ze Słowem Bożym, dzień Pana nadejdzie jak złodziej w nocy i wpadniemy w ramiona śmierci.

Przyjerzyjmy się dokładnie cudownym rzeczom przygotowanym przez Boga dla Jego dzieci zanim znajdziemy się w niebie jasnym i pięknym niczym kryształ.

Powrót Jezusa i siedmioletnie wesele

Apostoł Paweł w Liście do Rzymian 10,9 napisał: *„Jeżeli więc ustami swoimi wyznasz, że Jezus jest Panem, i w sercu swoim uwierzysz, że Bóg Go wskrzesił z martwych – osiągniesz zbawienie."* Aby zdobyć zbawienie, nie tylko musimy przyjąć

Jezusa jako naszego Zbawiciela, ale również uwierzyć z całego serca, że umarł i powstał z martwych.

Jeżeli nie wierzysz w zmartwychwstanie Jezusa, nie wierzysz również w nasze własne zmartwychwstanie po powtórnym przyjściu Jezusa. Nie będziesz wierzył nawet w powtórne przyjście Jezusa. Jeżeli nie wierzysz w istnienie nieba i piekła, nie będziesz miał dość siły, aby żyć zgodnie ze słowem Bożym, i nie zyskasz zbawienia.

Ostateczny cel życia chrześcijańskiego

W 1 Liście do Koryntian 15,19 napisano: *„Jestem bowiem najmniejszy ze wszystkich apostołów i niegodzien zwać się apostołem, bo prześladowałem Kościół Boży."* Dzieci Boże w przeciwieństwie do ludzi niewierzących, chodzą do kościoła, biorą udział w nabożeństwach, I służą Panu na wiele sposobów w każdą niedzielę. Aby żyć zgodnie ze słowem Bożym, poszczą i modlą się ze szczerego serca w kościołach Bożych o wczesnych godzinach porannych lub późno wieczorem, pomimo tego, że potrzebują odpoczynku.

Nie szukają korzyści dla siebie, lecz służą innym i poświęcają siebie dla królestwa Bożego. Dlatego, gdyby nie było nieba, wierzący byliby najbardziej godni pożałowania. A jednak pewne jest, że Chrystus wróci na ziemię, aby zabrać nas do nieba i przygotowuje dla nas piękne miejsca. On nagrodzi nas zgodnie z wykonaną dla Niego pracą na tej ziemi.

Jezus powiedział w Ewangelii Mateusza 16,27: *„Albowiem Syn Człowieczy przyjdzie w chwale Ojca swego razem z aniołami swoimi, i wtedy odda każdemu według jego postępowania."*

„Odda każdemu według uczynków jego" nie oznacza jedynie, że pójdziemy do nieba albo do piekła. Nawet wśród ludzi wierzących, którzy znajdą się w niebie, chwała i nagrody będą różnić się zgodnie z tym, w jaki sposób żyli na tym świecie.

Niektórzy nie lubią i boją się, kiedy ktoś mówi im o powtórnym przyjściu Jezusa. Jednak, jeżeli naprawdę kochasz Boga i masz nadzieję na niebo, teśknota i oczekiwanie na Jezusa są czymś naturalnym. Jeżeli ustami wyznajesz, że kochasz Jezusa, jednak nie lubisz słuchać o Jego powtórnym przyjściu, nie kochasz Go prawdziwie.

Dlatego, należy przyjąć Jezusa jako Oblubieńca z radością i czekać na Jego powtórne przyjście, przygotowując się jako Jego oblubiennica.

Powtórne przyjście Jezusa

W 1 Liście do Tesaloniczan 4,16-17 napisano: *„Sam bowiem Pan zstąpi z nieba na hasło i na głos archanioła, i na dźwięk trąby Bożej, a zmarli w Chrystusie powstaną pierwsi. Potem my, żywi i pozostawieni, wraz z nimi będziemy porwani w powietrze, na obłoki naprzeciw Pana, i w ten sposób zawsze będziemy z Panem."*

Kiedy Jezus ponownie wróci na ziemię, każde dziecko Boże otrzyma duchowe ciało i zostanie porwane w powietrze na spotkanie Pana. Są ludzie, którzy zostali zbawienie i umarli. Ich ciała zostaną w ziemi, jednak ich dusze czekają w Raju. Odnosimy się tutaj do ludzi, którzy „śpią w Pani." Ich dusze połączą się z ich duchowymi ciałami. Wraz z tymi, którzy nie zaznali śmierci pójdą na spotkanie Pana w swoich zmienionych duchowych ciałach i zostaną porwani w powietrze.

Wesele Baranka

Kiedy Pan powróci, każdy zbawiony będzie oblubiennicą Pana. Bóg wyda siedmiletnie wesele dla Swoich dzieci, które otrzymały zbawienie dzięki wierze. Jego dzieci otrzymają nagrody za swoje uczynk w niebie w późniejszym czasie, jednak wcześniej Bóg zorganizuje wesele w powietrzu dla swoich dzieci.

Przykładowo, kiedy generał powraca po zwycięstwie, co uczyniłby król? Ofiaruje generałowi nagrody za niezwykłą służbę. Król może ofiarować mu dom, ziemię, pieniądze oraz wydać przyjęcie na jego cześć.

Tak samo Bóg da swoim dzieciom miejsce zamieszkania oraz nagrody w niebie po Dniu Sądu. Jednak wcześniej wyda również wesele, aby Jego dzieci mogły dobrze się bawić i dzielić swoją radością. Pomimo tego, że każde dziecko Boże wykonało inną pracę dla królestwa Bożego, wesele odbędzie się po prostu z okazji zbawienia.

Gdzie odbędzie się siedmioletnie wesele? Powietrze nie odnosi się do nieba, które widzimy nad sobą gołym okiem. Gdyby powietrze odnosiło się do nieba nad nami, wszyscy goście weselni musieliby unosić się w powietrzu. Ponadto, od momentu stworzenia na ziemi żyło wielu ludzi, którzy zostaną zbawieni, więc nie pomieścilby się na niebie, które jest ponad nami.

Co więcej, wesele zostanie zaplanowane i przygotowane bardzo dokładnie przez samego Boga, który uszczęśliwi swoje dzieci. We wszechświecie istnieje miejsce, które Bóg przygotował dka nas na długi czas. Powietrze oznacza właśnie to miejsce, które Bóg wyznaczył na siedmioletnie wesele i znajduje się ono w drugim niebie.

„Powietrze" znajduje się w drugim niebie

List do Efezjan 2,2 opisuje czasy *„w których żyliście niegdyś według doczesnego sposobu tego świata, według sposobu Władcy mocarstwa powietrza, to jest ducha, który działa teraz w synach buntu."* W powietrzu również złe duchy mają swoją władzę.

Jednak miejsce, w którym odbędzie się siedmioletnie wesele oraz miejsce, do którego dostęp mają złe duchy to nie te same miejsca. Oba należą do drugiego nieba, jednak drugie niebo nie jest pojedynczą przestrzenią, jednak jest podzielone na kilka obszarów. Tak więc miejsca, w którym odbędzie się siedmioletnie wesele oraz miejsce, do którego dostęp mają złe duchy są oddzielone.

Bóg uczynił nową duchową rzeczywustość o nazwie drugie niebo, oddzielając część duchowej rzeczywistości. Podzielił ją na dwie części. Jedna część to ogród Eden, miejsce pełne światłości Bożej, a druga to obszar ciemności, który Bóg oddał złym duchom.

Bóg uczynił ogród Eden, w którym przebywał Adam. Bóg wziął Adama i umieścił w ogrodzie. Ponadto, Bóg podarował obszar ciemności złym duchom i pozwolił im tam zostać. Obszar ciemności oraz Eden są od siebie oddzielone.

Miejsce, w którym odbędzie się siedmiletnie wesele

Gdzie odbędzie się siedmioletnie wesele? Ogród Eden jest jedynie częścią Edenu i jest tam dużo miejsca. Właśnie tam Bóg przygotował miejsce na siedmioletnie wesele.

Miejsce, w którym odbędzie się siedmioletnie wesele jest piękniejsze niż Ogród Eden. Jest tam wiele pięknych kwiatów i drzew. Kolorowe światła lśnią jasno, a niewyobrażalnie cudwona przyroda otacza to miejsce.

Ponadto, miejsce musi być ogromne, ponieważ wszystkie osoby, które zostały zbawione od początku stworzenia świata będą obecne na weselu. Znajduje się tam duży zamek, którego wielkość jest wystarczająca, aby pomieścić zaproszonych. Wesele odbędzie się w zamku i każdy gość będzie niezwykle szczęśliwy. Chciałbym zaprosić was wszystkich do zamku na siedmioletnie wesele. Mam nadzieję, że doświadczycie szczęścia, będąc oblubiennicą Pana, który jest gościem honorowym na weselu.

Spotkanie z Panem w jasnym i pięknym miejscu

Kiedy przybędziesz na salę, zobaczysz jak pięknie jest oświetlona światłem, jakiego nigdy wcześniej nie widziałeś. Poczujesz się, jakby twoje ciało było lżejsze niż pióra. Kiedy staniesz na zielonej miękkiej trawie, a twoje oczy przyzwyczają się do światła, zobaczysz to, co będzie wokół ciebie. Zobaczysz niebo i jezioro czyste i jaśniejące tak, że będą razić twoje oczy. Jezioro będzie błyszczeć wieloma kolorami niczym drogocenny kamień za każdym razem, kiedy woda się poruszy.

Wszędzie wokół ciebie będą kolorowe kwiaty i drzewa.

Kwiaty będą się kołysać i uwalniać piekny intensywny zapach, ajkiego nigdy wcześniej nie wąchałeś. Różnokolorowe ptaki fruwają wokół ciebie, aby cię przywitać swoim śpiewem. W czystym jak kryształ jeziorze pływają piękne ryby i wynurzają swoje główki, aby również cię powitać.

Trawa, na której stoisz jest miękka jak bawełna. Otula cię delitakny wiart, który lekko rozwiewa twoje ubrania. W pewnym momencie, mocne światło dociera do twoich oczy i widzisz osobę, która stoi pośrodku tego światła.

Pan przytuli cię, mówiąc: „Moja oblubiennico, kocham cię"

Jezus woła cię z deliaktnym uśmiechem na twarzy i otwartymi ramionami. Kiedy podchodzisz do Niego, widzisz Jego twarz. Widzisz Jego twarz po raz pierwszy i doskonale wiesz, kim jest. Jest Panem Jezusem, twoim Oblubieńcem, którego kochasz i za którym tęskniłeś przez długi czas. W jednej chwili łzy zaczynają płynąć po twoich policzkach. Nie potrafisz powstrzymać się od płaczu rozpamiętując czasy swojego życia na ziemi.

Stoisz twarzą w twarz z Jezusem, dzięki któremu przetrwałeś najtrudniejsze sytuacje na ziemi, prześladowania i próby. Pan podchodzi do ciebie, przytula cię do siebie i mówi: „Moja oblubiennico, czekałem na ten dzień. Kocham cię."

Kiedy słyszysz te słowa, łzy płyną z twych oczu jeszcze intensywniej. Jezus ociera łzy i przytula cię mocniej. Kiedy patrzysz Mu w oczy, czujesz bicie Jego serca. „Wiem o tobie wszystko. Znam twój ból i łzy. Od teraz doświadczysz jedynie szczęście i radości."

Jak długo czekałeś na ten moment? Kiedy znajdziesz się w ramionach Jezusa, odczujesz pokój, radość i obfitość.

Usłyszysz miękki, głęboki i piekny dźwięk uwielbienia. Jezus poprowdzi cię za rękę do miejsca, z którego dochodzą dźwięki uwielbienia.

Sala weselna pełna światła

Chwilę później, zobaczysz niesamowity i lśniący zamek – cudowny i piękny. Kiedy staniesz przed bramą do zamku, brama otworzy się i zobaczysz światło. Kiedy wejdziesz do środka wraz z Jezusem pociągnięty blaskiem światła, zobaczysz olbrzymią salę, która nie ma końca. Sala będzie udekorowana zdobieniami pełnymi światła i kolorów.

Dokładniej usłyszysz dźwięki uwielbienia. Pan ogłosi rozpoczęcie wesela swoim dźwięcznym głosem. Siedmioletnie wesele rozpocznie się, a ty poczujesz się, jakbyś śnił.

Czujesz się szczęśliwy? Oczywiście, ponieważ nie każdy na wesele będzie mógł być tak blisko Jezusa. Jedynie wybrani będą mogli być tak blisko Niego i zostana przez Niego przytuleni.

Dlatego, powinieneś przygotować się jako oblubiennica i dbać o swój charakter. Jednak, nawet ludzie, którzy nie będą mogli chwycić Jezusa za rękę, będą czuć się w pełni szczęśliwi.

Szczęście, śpiew i taniec

Kiedy wesele się rozpocznie, będziesz śpiewać i tańczyć z Panem, uwielbiając imię Boga Ojca. Będziesz tańczyć z Jezusem, rozmawiając o czasach na ziemi, lub o niebie, w którym będziesz mieszkać.

Będziesz mówić o miłości Boga Ojca, aby Go uwielbić. Będziesz mógł rozmawiać z ludźmi, z którymi pragnąłeś porozmawiać przez długi czas.

Smakując rozpływające się w ustach owoce i pijąć wodę życie, wypływającą spod trony Boga, będziesz cieszył się weselem. Nie będziesz musiał przebywać w zamku przez całe siedem lat. Od czasu do czasu, będziesz również wychodzić na zewnątrz, by cudownie spędzić czas.

Jakie wspaniałe czynności i wydarzenia czekają na ciebie poza zamkniem? Możesz cieszyć się pieknem natury, poznawać nowych ludzo, spacerując wśród drzew, kwiatów i słuchają śpiewu ptaków. Możesz spacerować z ukochanymi po ścieżkach wśród pięknych kwiatów, rozmawiać z nimi, wychwalać Pana śpiewem i tańcem. Ponadto, jest wiele innych rzeczy, które mogą sprawiać przyjemność w takim miejscu. Przykładowo, można pływać łódkami po jeziorze z ukochanymi osobami lub nawet z naszym Panem. Możesz iść pływać lub grać w różne gry. Bóg zapewnił wiele rzeczy, które zapewnią niewyobrażalną radość i zadowolenie z miłością i opieką.

Podczas siedmioletniego wesela nigdy nie gasną światła. Oczywiście, ogród Eden jest miejscem pełnym światła, gdzie nigdy nie nastaje noc. W Edenie niepotrzebny jest sen ani odpoczynek tak, jak na tej ziemi. Ludzie nigdy nie odczuwają zmęczenia, a zamiast tego odczuwają ciągłe zadowolenie i szczęście.

Dlatego właśnie, nie odczuwają upływu czasu, okres siedmiu lat mija jak siedem dni lub siedem godzin. Jeżeli w Raju znajdą się twoi rodzice, dzieci czy rodzeństwo, którzy nie zostaną porwani w niebo i cierpią z powodu wielkich prześladowań, czas mija tak szybką dzięki radości i szczęściu, że nie będzie okazji za nimi tęsknić.

Wdzięczność za zbawienie

Ludzie w ogrodzie Eden oraz na weselu widzą się, jednak nie przychodzą i odchodzą. Złe duchy mogą obserwować wesele. My również będziemy mogli ich zobaczyć. Nie mogą jednak zbliżać się do miejsca, gdzie odbywa się wesele. Obserwowanie wesela i szczęście gości powoduje wielkie cierpienie i ból. Dla złych duchów to, że nie udało im się zdobyć jeszcze jednej osoby i zwycięstwo dzieci Bożych to ból nie do zniesienia.

Dzieci Boże, patrząc na złe duchy przypominają sobie, jak diabeł chodził wokół nich jak lew ryczący, próbując ich zwieźć na ziemi.

Tym bardziej odczuwasz wdzięczność w stosunku do Boga za Jego łaskę oraz Ducha Świętego za ochronę przed mocą zła i prowadzenie. Odczuwasz również wdzięczność w stosunku do ludzi, którzy pomogli ci iść drogą zbawienia.

Siedmioletnie wesele jest nie tylko czasem odpoczynku oraz uwolnienie od bólu życia ziemskiego, ale również czasem, który przypomina nam o życiu na ziemi i sprawia, że tym większą odczuwamy wdzięczność w stosunku do Boga.

Będziemy myśleć o życiu wiecznym w niebie, które będzie jeszcze radośniejsze niż siedmioletnie wesele. Szczęście w niebie nie może być porównane ze szczęściem, którego doświadczymy podczas siedmioletniego wesela.

Siedmioletni okres prześladowań

Podczas, gdy będzie się odbywało siedmioletnie wesele, na ziemi będą miały miejse wielkie prześladowania. Z powodu rodzaju oraz ogromu prześladowań, jakich jeszcze nigdy nie było, większa część ziemi zostanie zniszczona i większość ludzi zginie.

Oczywiście, niektórzy ludzie zostana ocaleni dzięki „pozostałościom po żniwach zbawienia." Jest wiele osób, które pozostaną na ziemi po drugim przyjściu Chrystusa, ponieważ nie wierzyli wcale lub w odpowiedni sposób. Jednak, kiedy okażą skruchę po okresie siedmiu lat prześladowań i staną się męczennikami, zyskają zbawienie. To są właśnie „pozostałości po żniwach zbawienia."

Męczeństwo w okresie siedmiu lat prześladowań nie jest jednak łątwe. Nawet jeżeli niektórzy ludzie wybiorą drogę męczeństwa na początku, większość z nich zaprze się Boga podczas okrutnych tortur i prześladowań prowadzonych przez antychrysta, który zmusi ich do przyjęcia znamienia „666." Będą odmawiać przyjęcia znamienia, ponieważ przyjęcie znamienia oznacza przynależność do szatana. Nie będzie łatwo znieść prześladowania, którym będzie towarzyszył tak straszny ból.

Czasami, nawet jeżeli ktoś przetrwa tortury, trudniejsze może być obserwowanie tortur ukochanych osób. Dlatego tak trudno będzie zyskać zbawienie jako „pozostałości po żniwach zbawienia." Co więcej, ponieważ nie będzie już wtedy pomocy ze strony Ducha Świętego, tym trudniej będzie zachować wiarę.

Dlatego, mam nadzieję, że żaden z czytelników nie będzie musiał stawić czoła siedmioletnim prześladowaniom. Wyjaśniam tę kwestię, aby uświadomić wam, że wydarzenia opisane w Biblii związane z siedmioletnimi prześladowaniami w czasach końca wypełnią się bardzo dokładnie.

Jest to kolejny powód dla tych, którzy zostaną porwani w powietrze na spotkanie Pana. Podczas gdy oni będą na siedmioletnim weselu, na ziemi będą miały miejsce prześladowania, trwające również siedem lat.

Męczennicy, którzy otrzymają zbawienie

Po powrocie Jezusa, na ziemi będą ludzie, którzy będą żałowali, że nie uwierzyli w Jezusa i nie zostaną porwani w powietrze.

Słowo Boga, głoszone w kościołach, w których mają miejsce dzieła mocy Bożej w czasach końca poprowadzi ich do zbawienia. Dowiedzą się, w jaki sposób mogą otrzymać zbawienie, jakie wydarzenia będą miały miejsce oraz w jaki sposób powinni reagować na wydarzenie, zapisane w proroctwach Słowa Bożego.

Są ludzie, którzy prawdziwie ukorzą się przed Bogiem i otrzymaja zbawienie dzięki temu, że staną się męczennikami. Są to tak zwane „pozostałości po żniwach zbawienia." Oczywiście, wśród tych osób są również Izraelici. Poznają „przesłanie krzyża" i uświadomią sobie, że Jezus, którego nie przyjęli jako Mesjasza jest prawdziwym Synem Boga i Zbawicielem ludzkości. Skruszą się i otrzymają zbawienie. Zgromadzą się, aby wzmocnić swoją wiarę. Uświadomią sobie miłość Bożą i staną się męczennikami.

W taki sposób, pisma wyjaśniające Słowo Boże nie tylko wzmocnią wiarę, ale również odegrają istotną rolę dla tych, którzy nie zostaną porwani w powietrze. Dlatego, należy uświadomić sobie cudowną miłość oraz łaskę Boga, który dał nam wszystko, abyśmy mogli otrzymać zbawienie po powtórnym przyjściu Jezusa.

Tysiąclecie

Oblubiennice, po zakończeniu siedmiletniego wesela, powrócą na ziemię i będą królować z Panem przez tysiąc lat (Apokalipsa 20,4). Kiedy Pan powróci na ziemię, oczyści ją. Oczyści powietrze i odnowi całą przyrodę.

Zwiedzanie oczyszczonej ziemi

Tak jak młoda para udaje się na miesiąc miodowy, tak my udamy się w podróż z Jezusem, naszym Oblubieńcem w czasie tysiąclecie po siedmioletnim weselu. Jakie miejsca będziesz chciał zobaczyć najbardziej?

Dzieci Boże, oblubiennica Pana, będą chciały zobaczyć ziemię, gdzie mieszkały, słońce oraz księżyc, które zostaną przemienione po okresie tysiąclecia.

D:atego, po siedmioletnim weselu, Bóg Ojciec przemieni ziemią i pozwoli nam królować z Jezusem przez tysiąc lat zanim znów ją przeniesie. Bóg w swojej opatrzności zaplanował proces stworzenia ziemi i nieba w ciągu sześciu dni. Siódmego dnia odpoczął. Królowanie na ziemi przez tysiąc lat sprawi, że nie będzie nam przykro. Będziemy cieszyć się cudownym czasem, królując z Panem przez tysiąc lat na odnowionej ziemi. Zwiedzając wszystkie miejsca, których nie widzieliśmy mieszkając na ziemi, da nam szczęście i radość, jakich nie odczuliśmy nigdy wcześniej.

Królowanie przez tysiąc lat

W tym czasie wróg szatan i złe duchy nie będą miały do nas dostępu. Podobnie jak w ogrodzie Eden, będzie panował pokój i odpoczynek. Zbawieni wraz z Jezusem będą przebywać na ziemi, jednak nie będą żyć wraz z ludźmi, którzy przeżyją okres siedmiu lat prześladowań. Zbawieni i Jezus będą żyć w osobnym miejscu, jakbw pałacu królewskim. Innymi słowy, jako istoty duchowe będziemy żyć w zamku, natomist istoty cielesne nadal pozostaną poza zamkniem, ponieważ ciała duchowe i cielesne nie mogą przebywać w tym samym miejscu.

Zbawieni zostaną przemienieni i będą mieli życie wieczne. Będą wdychać zapach kwiatów, jednak od czasu do czasu będą mogli spożywac posiłek wraz z ludźmi cielesnymi. Jednak nie będą wydalać pokarmu tak, jak wcześniej. Spożywane pokarmy będą wydalane w powietrze w postaci oddechu.

Ludzie cieleśni skupią się na tym, aby zwiekszyć liczbę ocalałych z okresu siedmiu lat prześladowań. Nie będzie chorób ani zła, a szatan i złe duchy nie będą miały do nas dostępu. Szatan i złe duchy zostaną uwięzione w czeluści bez dna, dlatego niesprawiedliwość oraz zło ludzkiej natury nie będą wywierać wpływu na zbawionych (Apokalipsa 20,3). Nie będzie śmierci, dlatego ziemia wypełni się ponownie ludźmi.

Co będą spożywać ludzie cieleśni? Kiedy Adam i Ewa mieszkali w ogrodzie Eden, jedli owoce i rośliny z pestkami

(Księga Rodzaju 1,29). Po tym, jak Adam zgrzeszył przeciwko Bogu i został wygnany z ogrodu Eden, ludzie zaczęli jeść rośliny, które sami uprawiali (Księga Rodzaju 3,18). Po potopie, świat stał się zły i Bóg pozwolił ludziom spożywać mięso. Im bardziej świat stawał się zły, tym gorsze jedzenie spożywał człowiek.

W okresie tysiąclecia, ludzie będą spożywać płody ziemi oraz owoce z drzew. Nie będą jeść mięsa, tak jak ludzie przed potopem, ponieważ nie będzie już zła ani zabijania. Wszystkie cywilizacje zostaną zniszczone wojną w okresie prześladowań i ludzie powrócą do pierwotnego stylu życia, rozmnożą się i zapełnią odnowioną ziemię. Rozpoczną nowe życie w odnowionej przyrodzie, którą będzie niezanieczyszczona, spokojna i piekna.

Co więcej, pomimo rozwoju cywilizacji i wiedzy przed wielkimi prześladowaniami, nie uda się osiągnąć poziomu dzisiejszej cywilizacji w ciągu stu czy dwustu lat. Jednak z upływem czasu ludzie odzyskają mądrość i osiągną to, co dzisiejsza cywilizacja pod koniec tysiąclecia.

Nagroda w postaci nieba po Dniu Sądu

Po okresie tysiąclecie, Bóg na krótki czas uwolni szatana, który będzie uwięziony w otchłani (Apokalipsa 20,1-3). Pomimo, że Pan króluje na tej ziemi, aby pomóc ludziom przetrwać wielkie prześladowania, a ich potomkom zdobyć zbawienie. Bóg pozwala szatanowi kusić tych, których wiara nie jest prawdziwa.

Wielu ludzi zostanie zwiedzionych przez szatana i podąży drogą zniszczenia (Apokalipsa 20,8). Ludzie Boga uświadomią sobie, dlaczego Bóg stworzył piekło oraz wielką miłość Boga, który pragnie uratować tych, którzy prawdziwie w Niego wierzą.

Złe duchy uwolnione na krótki czas ponownie zostaną zamknięte w bezkresnej otchłani i odbędzie się Dzień Sądu (Apokalipsa 20,12). W jaki sposób odbędzie się dzień wielkiego sądu?

Bóg poprowadzi wielki sąd

W lipcu 1982, kiedy modliłem się w sprawie otwarcie kościoła, dowiedziałem się więcej na temat dnia sądu. Bóg ukazał mi scenę, w której sądzi ludzkość. Przed wielkim białym tronem, stał Pan i Mojżesz, a wokół tronu zgromadzili się ludzie, którzy pełnili funkcję ławy przysięgłych.

W przeciwieństwie do sędziów tego świata, Bóg jest doskonały i nie popełnia błędów. Sądzi wraz z Jezusem, który pełni funkcję adwokata miłości, Mojżeszem jako prokuratorem prawa oraz innymi ludźmi jako ławą przysięgłych. W Apokalipsie 20,11-15 czytamy:

> *„Potem ujrzałem wielki biały tron i na nim Zasiadającego, od którego oblicza uciekła ziemia i niebo, a miejsca dla nich nie znaleziono. I ujrzałem umarłych – wielkich i małych – stojących przed tronem, a otwarto księgi. I inną księgę otwarto, która jest księgą życia. I osądzono zmarłych z tego, co w księgach zapisano, według ich czynów. I morze wydało zmarłych, co w nim byli, i Śmierć, i Otchłań wydały zmarłych, co w nich byli, i każdy został osądzony według swoich czynów. A Śmierć*

i Otchłań wrzucono do jeziora ognia. To jest śmierć druga – jezioro ognia. Jeśli się ktoś nie znalazł zapisany w księdze życia, został wrzucony do jeziora ognia."

„Wielki biały tron" odnosi się do tronu Boga, który jest sędzią. Bóg, który siedzi na tronie, który jest tak jasny, że wydaje się biały, wygłosi ostateczny osąd z miłością i sprawiedliwością, aby wysłać do piekła chwasty, nie pszenicę.

Dlatego nazywamy to Wielkim Sądem Białego Tronu. Bóg będzie sądził zgodnie z „księgą życia," w której zapisane są imiona zbawionych oraz księgą, w której zapisane są uczynki każdego człowieka.

Potępieni trafią do piekła

Przed tronem Boga znajduje się księga życia oraz księgi, w których zapisane są uczynki wszytskich ludzi, którzy nie przyjęli Jezusa lub którzy nie mieli prawdziwej wiary (Apokalipsa 20,12).

Od urodzenia do śmierci każdego człowieka, każdy jego uczynek zapisany jest w księdze. Na przykład, dobre uczynki, przeklinanie drugiej osoby, uderzenie drugiej osoby lub rozzłoszczenie się spisywane są rękami aniołów.

Tak, jak można nagrać pewne rozmowy lub wydarzenia za pomocą kamery video lub dyktafonu, aniołowie zapisują wszystkie sytuacje w księdze w niebie zgodnie z rozkazem wszechmogącego Boga. Dlatego, wielki dzień sądu białego tronu odbędzie się bezbłędnie. Jak zostanie przeprowadzony?

Potępieni zostaną osądzeni jako pierwsi. Nie mogą stanąć przed Bogiem, ponieważ są grzesznikami. Będą sądzeni w

Hadesie, przedsionku piekła. Mimo, że nie stana przed Bogiem, sąd nam nimi zostanie dokładnie przeprowadzony tak, jakby miał miejsce przed Bogiem.

Wśród grzeszników, Bóg najpierw osądzi tych, których grzechy są najcięższe. Po zakończeniu sądu wszyscy potępieni zostaną wrzuceni do jeziora ognistego lub jeziora siarki i zostana ukarani na wieki.

Zbawieni otrzymają nagrodę w niebie

Po zakończeni sądu potępionych, nastąpi sąd, w którym zbawieni otrzymają swoją nagrodę. Jak napisano w Apokalipsie 22,12: *„Oto przyjdę niebawem, a moja zapłata jest ze Mną, by tak każdemu odpłacić, jaka jest jego praca,"* zbawieni otrzymają nagrody oraz miejsca zamieszkania zgodnie z ich uczynkami.

Sąd dzieci Bożych odbędzie się przed obliczem Boga w pokoju. Nagrody otrzymają najpierw ci, którzy zasłużyli najbardziej, później ci, których uczynki były mniej znaczące. Każdy otrzyma przypisane mu miejsce zamieszkania.

„I [odtąd] już nocy nie będzie. A nie potrzeba im światła lampy i światła słońca, bo Pan Bóg będzie świecił nad nimi i będą królować na wieki wieków" (Apokalipsa 22:5).

Pomimo przeszkód I trudności na tym świecie, możemy być szczęśliwi, ponieważ mamy nadzieję na niebo! Tam, będziemy żyć na wieki z naszym Panem w szczęściu i radości. Nie będzie już łez, smutku, bólu, chorób ani śmierci.

Opisałem jedynie część siedmioletniego wesela oraz okresu tysiąclecia, podczas których będziemy królować z naszym Panem. Kiedy nadejdą te czasy – które są jedynie przedsmakiem życia w niebie – będziemy naprawdę szczęśliwi. O ileż bardziej szczęśliwe i radosne będzie życie w niebie? Dlatego, powinniśmy zmierzać do naszego miejsca w niebie oraz nagród przygotowanych dla ciebie aż do chwili, kiedy spotkamy Pana, który zabierze nas do siebie.

Dlaczego ojcowie wiary tak bardzo starali się i cierpieli, podążając wąską ścieżką Pana Jezusa, zamiast wybrać łątwą drogę tego świata? Pościli i modlili się wiele nocy, aby odciąć się od swoich grzechów i oddać całkowicie swoje życie Bogu, ponieważ mieli nadzieję na niebo. Ponieważ wierzyli w Boga, który nagrodzi ich w niebie zgodnie z ich uczynkami. Podążali ścieżką uświęcenia i byli wierni domowi Bożemu.

DLtego, modlę się w imieniu Jezusa, abyście nie tylko wzięli udział w siedmioletnim weselu i znaleźli się w ramionach Jezusa, ale również pozostali blisko tronu Boga, czyniąc co w waszej mocy i żyjąc z nadzieją na niebo.

Rozdział 4

Tajemnice nieba ukrytego od czasów stworzenia

1. Tajemnice nieba, które zostały odkryte od czasów Jezusa
2. Tajemnice nieba odkryte w czasach końca
3. Dom mojego Ojca jest moją ucieczką

*On im odpowiedział: Wam dano poznać tajemnice
królestwa niebieskiego, im zaś nie dano.
Bo kto ma, temu będzie dodane, i nadmiar mieć będzie;
kto zaś nie ma, temu zabiorą również to, co ma
Dlatego mówię do nich w przypowieściach,
że otwartymi oczami nie widzą i otwartymi uszami
nie słyszą ani nie rozumieją*

*To wszystko mówił Jezus tłumom w przypowieściach,
a bez przypowieści nic im nie mówił.
Tak miało się spełnić słowo Proroka:
Otworzę usta w przypowieściach,
wypowiem rzeczy ukryte od założenia świata.*

- Mateusz 13,11-13; 34-35 -

Pewnego dnia, kiedy Jezus siedział na brzegu, wielu ludzi zgromadziło się wokół Niego. Jezus mówił im wiele rzeczy w przypowieściach. Uczniowie Jezusa pytali Go: „Dlaczego mówisz do nich w przypowieściach?" Jezus odpowiedział im:

> *On im odpowiedział: Wam dano poznać tajemnice królestwa niebieskiego, im zaś nie dano. Bo kto ma, temu będzie dodane, i nadmiar mieć będzie; kto zaś nie ma, temu zabiorą również to, co ma. Dlatego mówię do nich w przypowieściach, że otwartymi oczami nie widzą i otwartymi uszami nie słyszą ani nie rozumieją. Tak spełnia się na nich przepowiednia Izajasza: Słuchać będziecie, a nie zrozumiecie, patrzeć będziecie, a nie zobaczycie. Bo stwardniało serce tego ludu, ich uszy stępiały i oczy swe zamknęli, żeby oczami nie widzieli ani uszami nie słyszeli, ani swym sercem nie rozumieli: i nie nawrócili się, abym ich uzdrowił. Lecz szczęśliwe oczy wasze, że widzą, i uszy wasze, że słyszą. Bo zaprawdę, powiadam wam: Wielu proroków i sprawiedliwych pragnęło ujrzeć to, na co wy patrzycie, a nie ujrzeli; i usłyszeć to, co wy słyszycie, a nie usłyszeli* (Mateusz 13, 11-17).

Tak, jak powiedział Jezus, wielu proroków i ludzi sprawiedliwych nie widziało i nie słyszało tajemnic królestwa niebieskiego, pomimo, że chcieli zobaczyć i usłyszeć.

A jednak, ponieważ Jezus, który jest Bogiem, zszedł na ziemię

(Filipian 2,6-8), tajemnie nieba nie zostały odkryte przed Jego uczniami.

Jak napisano w Ewangelii Mateusza 13,35: *„Tak miało się spełnić słowo Proroka: Otworzę usta w przypowieściach, wypowiem rzeczy ukryte od założenia świata,"* Jezus mówił za pomocą przypowieści, aby spełniło się słowo zapisane w Piśmie.

Tajemnice nieba, które zostały odkryte od czasów Jezusa

W Ewangelii Mateusza 13, zawartych jest wiele przypowieści na temat nieba. Bez przypowieści, nie jesteśmy w stanie zrozumieć ani uświadomić sobie tajemnic nieba, nawet jeżeli czytamy Biblię.

Inną przypowieść im przedłożył: Królestwo niebieskie podobne jest do człowieka, który posiał dobre nasienie na swej roli (w. 24).

Inną przypowieść im przedłożył: Królestwo niebieskie podobne jest do ziarnka gorczycy, które ktoś wziął i posiał na swej roli. Jest ono najmniejsze ze wszystkich nasion, lecz gdy wyrośnie, jest większe od innych jarzyn i staje się drzewem, tak że ptaki przylatują z powietrza i gnieżdżą się na jego gałęziach (w. 31-32).

Powiedział im inną przypowieść: Królestwo niebieskie podobne jest do zaczynu, który pewna kobieta wzięła i włożyła w trzy miary mąki, aż się wszystko zakwasiło (w. 33).

Królestwo niebieskie podobne jest do skarbu ukrytego w roli. Znalazł go pewien człowiek i ukrył ponownie. Z radości poszedł, sprzedał wszystko, co miał, i kupił tę rolę (w. 44).

Dalej, podobne jest królestwo niebieskie do kupca, poszukującego pięknych pereł. Gdy znalazł jedną drogocenną perłę, poszedł, sprzedał wszystko, co miał, i kupił ją (w. 45-46).

Dalej, podobne jest królestwo niebieskie do sieci, zarzuconej w morze i zagarniającej ryby wszelkiego rodzaju. Gdy się napełniła, wyciągnęli ją na brzeg i usiadłszy, dobre zebrali w naczynia, a złe odrzucili (w. 47-48).

Jezus poprzez przypowieści nauczał o niebie, które jest duchową rzczywistością. Ponieważ niebo jest niewidzialną rzeczywistością duchową, możemy je pojąć jedynie dzięki przypowieściom.

Aby zdobyć życie wieczne w niebie, musimy prowadzić życie wiary, wiedzieć, jak zdobyć niebo, jacy ludzie się tam dostaną i kiedy to nastanie.

Jaki jest cel chodzenia do kościoła i prowadzenia życia wiary? To zbawienie i życie w niebie. Jeśli jednak nie znajdziesz się w niebie, pomimo tego, że wiele lat uczęszczałeś do kościoła, jak bardzo przykro ci będzie?

Nawet w czasach Jezusa wielu ludzie przestrzegało prawa i wyznawało wiarę w Jezusa, jednak nie zyskają zbawienia i nie dostaną się do nieba. W Ewangelii Mateusza 3,2 Jan Chrzyciciel powiedział: „Nawróćcie się, bo bliskie jest królestwo niebieskie" oraz przygotował drogę Pańską. W Mateuszu 3,11-12 powiedział, że Jezus jest Zbawicielem i Panem Sądu: „*Ja was chrzczę wodą dla nawrócenia; lecz Ten, który idzie za mną, mocniejszy jest ode mnie; ja nie jestem godzien nosić Mu sandałów. On was chrzcić będzie Duchem Świętym i ogniem. Ma On wiejadło w ręku i oczyści swój omłot: pszenicę zbierze do spichlerza, a plewy spali w ogniu nieugaszonym.*"

Jednak Izraelici nie tylko nie rozpoznali Jezusa jako Zbawiciela, ale ukrzyżowali Go. Jakże przykre jest to, że nadal czekają na swojego Mesjasza.

Tajemnice nieba odkryte przez apostoła Pawła

Pomimo, że apostoł Paweł nie należał od początku do grona dwunastu apostołów Jezusa, nie pozostawał w tyle w głoszeniu świadectwa o Jezusie. Zanim Paweł spotkał Jezusa, był faryzeuszem, który przestrzegał prawa i tradycji starszych. Był Żydem, który posiadał rzymskie obywatelstwo od urodzenia, który brał udział w prześladowaniach chrześcijan.

Jednak, po spotkaniu z Panem na drodze do Damaszku, Paweł zmienił swoje nastawienie i prowadził wielu ludzi drogą zbawienia, skupiając się na nawracaniu pogan.

Bóg wiedział, że Paweł będzie cierpiał z powodu prześladowania i bólu, kiedy będzie głosił ewangelię. Dlatego odkrył przed nim cudowne tajemnice nieba, aby mógł dążyć do celu (Filipian 3,12-14). Bóg pozwolił mu głosić ewangelię z nadzieją na niebo.

Kiedy czytasz listy Pawła, możesz zauważyć, że pisał pod wpływem Ducha Świętego o przyjściu Jezusa, wierzących, którzy zostaną porwani w powietrze, ich schronieniu w niebie, chwale nieba, wiecznych nagrodach i koronach, Melchizedeku – wiecznym kapłanie, oraz o Jezusie Chrystusie.

W 2 Liście do Koryntian 12,1-4 Paweł dzieli się swoimi duchowymi doświadczeniami z kościołem w Koryncie, który założuł, a który nie żył zgodnie ze słowem Bożym.

„Jeżeli trzeba się chlubić – choć co prawda nie wypada – przejdę do widzeń i objawień Pańskich. Znam człowieka w Chrystusie, który przed czternastu laty – czy w ciele – nie wiem, czy poza ciałem – też nie wiem, Bóg to wie – został porwany aż do trzeciego nieba. I wiem, że ten człowiek – czy w ciele, nie wiem, czy poza ciałem, /też nie wiem/, Bóg to wie – został porwany do raju i słyszał tajemne słowa, których się nie godzi człowiekowi powtarzać."

Bóg wybrał apostoła Pawła do głoszenia ewangelii poganom, oczyścił go ogniem i przekazał mu wizję oraz Apokalipsę. Bóg prowadził go, aby pokonał trudności miłością, wiarą i nadzieją na niebo. Na przykład, Paweł wyznał, że Bóg zaprowadził go do raju w trzecim niebie oraz że usłyszał tajemnice nieba czternaście lat wcześniej, jednak były tak cudowne, że człowiek nie mógł o nich mówić.

Apostoł jest osobą, która zostaje powołana przez Boga i jest Mu całkowicie posłuszna. Jednak, byli pewni ludzie wśród członków kościoła w Koryncie, którzy zostali zwiedzeni przez fałszywych nauczycieli i osądzeni przez apostoła Pawła.

W tamtym czasie, apostoł Paweł wymienił trudności, jakie pokonał dla Pana i podzielił się duchowymi doświadczeniami, aby poprowadzić Koryntian, aby stali się piękną oblubiennicą Pana, postępując zgodnie ze słowem Bożym. Nie przechwalał się swoimi duchowymi doświadczeniami, a jedynie budował i wzmacniał kościół, broniąc oraz potwierdzają swoje apostolstwo.

Musimy sobie uświadomić, że wizje dotyczące Apokalipsy mogły zostać przekazane jedynie osobie, którą Bóg uznał za odpowiednią. Ponadto, w przeciwieństwie do członków kościoła w Koryncie, którzy zostali zwiedzeni przez fałszywych proroków i osądzeni przez Pawła, my nie możemy osądzać nikogo, kto pracuje dla królestwa Bożego, ratuje ludzi i został przyjęty przez Boga.

Tajemnice nieba przekazane apostołowi Janowi

Apostoł Jan był jednym z dwunastu apostołów I ukochanym uczniem Jezusa. Jezus nie tylko nazwał go „uczniem," ale również opiekował się apostołem, aby ten mógł Mu służyć z bliska. Jan miał porywczy charakter, dlatego wielokrotnie nazwano go „synem gromu," jednak stał się apostołem miłości, dzieki mocy Bożej. Jan podążał za Jezusem, pragnąc chwały w niebie. Był jedynym uczniem Jezusa, który usłyszał ostatnich siedem słów wypowiedzianych przez Jezusa na krzyżu. Był wierny jako apostoł i stał się wielkim człowiekiem w niebie.

Ze względu na wielkie prześladowania chrześcijaństwa

prowadzone przez Imperium Rzymskie, Jan został wrzucony do gotującego się oleju, jednak nie zginął i został wygnany na wyspę Patmos. Tam, komunikowałs się z Bogiem i napisał Księgę Apokalipsy, która zawiera wiele tajemnic nieba.

Jan napisał wiele na temat kwestii duchowych, takich jak Tron Boga oraz Baranka w niebie, uwielbienie w niebie, cztery postacie wokół tronu Boga, siedem lat wielkich prześladowań oraz rola aniołów, wesele Baranka oraz okres tysiąclecia, Wielki Sąd Białego tronu, piekło, Nowe Jeruzalem w niebie, bezkresna otchłań, przepaść.

Dlatego apostoł Jan mówi w Apokalipsie 1,1-3, że księga została napisana dzięki wizjom Jezusa oraz że spisuje wszystko, ponieważ to, co opisuje wkrótce się wydarzy.

„Objawienie Jezusa Chrystusa, które dał Mu Bóg, aby ukazać swym sługom, co musi stać się niebawem, a On wysławszy swojego anioła oznajmił przez niego za pomocą znaków słudze swojemu Janowi. Ten poświadcza, że słowem Bożym i świadectwem Jezusa Chrystusa jest wszystko, co widział. Błogosławiony, który odczytuje, i którzy słuchają słów Proroctwa, a strzegą tego, co w nim napisane, bo chwila jest bliska."

Określenie „chwila jest bliska" wskazuje na to, że czas przyjścia Pana jest bliski. Dlatego, ważne jest, aby być godnym wejścia do nieba dzięki zbawieniu przez wiarę.

Nawet jeżeli chodzisz do kościła co tydzień, nie zostaniesz zbawiony, jeżeli twoja wiara nie owocuje uczynkami. Jezus mówi:

„Nie każdy, który Mi mówi: Panie, Panie!, wejdzie do królestwa niebieskiego, lecz ten, kto spełnia wolę mojego Ojca, który jest w niebie" (Mat. 7,21). Tak więc jeżeli nie postępujesz zgodnie ze słowem Bożym, oczywiste jest, że nie wejdziesz do nieba.

Dlatego, apostoł Jan wyjasnia wydarzenia oraz proroctwa, które będą miały miejsce i wypełnią się wkrótce, jak opisuje Apokalipsa 4. Jan posdumowuje, że Pan powraca i musimy wyprać nasze szaty.

„Oto przyjdę niebawem, a moja zapłata jest ze Mną, by tak każdemu odpłacić, jaka jest jego praca. Jam Alfa i Omega, Pierwszy i Ostatni, Początek i Koniec. Błogosławieni, którzy płuczą swe szaty, aby władza nad drzewem życia do nich należała i aby bramami wchodzili do Miasta" (Apokalipsa 22:12-14).

W duchowym znaczeniu, szaty oznaczają serce i uczynki. Wypranie swoicj szat odnosi się do skruchy za grzechy oraz życie zgodne z Bożą wolą. Tak więc, jeżeli żyjemy zgodnie z wolą Bożą, przejdziemy przez bramy nieba i wejdziemy do nieba, do Nowego Jeruzalem.

W książce „Miara wiary," która zostanie opublikowana trochę później, wyjaśniono, że nawet wiara może wzrastać. Podobnie, apostoł Jan klasyfikuje wiarę małych dzieci, dzieci, młodych ludzi oraz ojców.

Dlatego, musimy sobie uświadomić, że im bardziej nasza wiara wzrośnie, tym lepsze miejsce zamieszkania w niebie otrzymamy.

Tajemnice nieba odkryte w czasach końca

Zagłębmy się w tajemnice nieba, które są odkrywane i spełnią się na końcu czasów przez przypowieści Jezusa zapisane w 13 rozdziale ewangelii Mateusza.

On oddzieli złych od sprawiedliwych

W Ewangelii Mateusza 13,47-50 Jezus mówi, że królestwo niebieskie jest jak sieć wpuszczona do jeziora, która wyłowi różne rodzaje ryb. Co to oznacza?

„Dalej, podobne jest królestwo niebieskie do sieci, zarzuconej w morze i zagarniającej ryby wszelkiego rodzaju. Gdy się napełniła, wyciągnęli ją na brzeg i usiadłszy, dobre zebrali w naczynia, a złe odrzucili. Tak będzie przy końcu świata: wyjdą aniołowie, wyłączą złych spośród sprawiedliwych i wrzucą w piec rozpalony; tam będzie płacz i zgrzytanie zębów."

„Morze" odnosi się do świata, „ryby" do ludzi wierzących, a rybak, który zapuszcza sieć i łapie ryby to Bóg. Co więc oznacza dla Boga zapuszczenie sieci, wyciągnięcie jej, kiedy się zapełni i zbieranie dobrych ryb do koszyka, a wyrzucenie złych? Oznacza to, że przy końcu czasów, aniołowie przyjdą i zabiorą ludzi sprawiedliwych do nieba, a złych wyrzucą do piekła.

W dzisiejszych czasach, ludzie myślą, że na pewno wejdą do królestwa niebieskiego, jeżeli przyjmą Jezusa. Jednak Jezus mówi jasno: *„Tak będzie przy końcu świata: wyjdą* *aniołowie, wyłączą złych spośród sprawiedliwych i wrzucą w piec rozpalony; tam będzie płacz i zgrzytanie zębów"* (Mat. 13,50-51). „Sprawiedliwi" wskazuje tutaj na tych, którzy zostaną nazwani sprawiedliwymi dzięki wierze w Jezusa oraz odzwierciedlaniu tej wiary w uczynkach. Jesteś sprawiedliwy, nie dlatego, że znasz słowo Boże, ale dlatego, że przestrzegasz Jego przykazań oraz zachowujesz się zgodnie z Jego wolą (Mat. 7, 21).

W Biblii zawarte są polecenia: „Rób," „Nie rób," „Zachowaj," „Wyrzuć." Tylko ludzie, którzy żyją zgodnie ze słowem Bożym są sprawiedliwi i można uznać, że mają duchową żywą wiarę. Są ludzie, których uważa się za sprawiedliwych, jednak nie mogą być za takich uznani w oczach ludzi i w oczach Boga.

Na przykład, jeżeli człowiek, który uważa się za sprawiedliwego kradnie, kto uzna go za sprawiedliwego? Jeżeli ludzie, którzy nazywaja się dziećmi Bożymi, popełniają grzechy i nie postepują zgodnie ze słowem Bożym, nie mogą zostać nazwani sprawiedliwymi. Są to ludzi źli wśród sprawiedliwych.

Różny blask ciał niebieskich

Jeżeli przyjmiesz Jezusa Chrystusa i będziesz żyć zgodnie z Jego słowem, będziesz lśnić jak słońce w niebie. Apostoł Paweł opisuje tajemnice nieba w 1 Koryntian 15,40-41.

> *„Są ciała niebieskie i ziemskie, lecz inne jest piękno ciał niebieskich, inne – ziemskich. Inny jest blask słońca, a inny – księżyca i gwiazd. Jedna gwiazda różni się jasnością od drugiej."*

Skoro człowiek może dostać się do nieba jedynie dzięki wierze, rozsądne jest to, aby chwała którą otrzyma w niebie różniła się zgodnie z miarą wiary. Dlatego istnieje chwała słońca, księżyca i innych gwiazd; nawet wśród gwiazd, miara janości może się różnić.

Spójrzmy na inną tajemnicę nieba przedstawioną za pomocą przypowieści o ziarnku gorczycy w Mateuszu 13,31-32.

„Inną przypowieść im przedłożył: Królestwo niebieskie podobne jest do ziarnka gorczycy, które ktoś wziął i posiał na swej roli. Jest ono najmniejsze ze wszystkich nasion, lecz gdy wyrośnie, jest większe od innych jarzyn i staje się drzewem, tak że ptaki przylatują z powietrza i gnieżdżą się na jego gałęziach."

Jedno ziarnko gorczycy jest tak małe jak kropka zrobiona piórem kulkowym. Jednak nawet z małeo ziarenka gorczycy wyrasta olbrzymie drzewo tak, że ptaki mogą przylatywać i robić sobie gniazda. Czego Jezus pragnął nauczyć nas przez przypowieść o ziarenku gorczycy? Możemy zdobyć niebo jedynie przez wiarę. Wiara może mieć różną miarę. Nawet jeżeli tera twoja wiara jest niewielka, możesz sprawić, aby wzrosła i stała się wielką wiarą.

Wiara mała jak ziarenko gorczycy

Jezus mówi w Ewangelii Mateusza 17,20: *„On zaś im rzekł: Z powodu małej wiary waszej. Bo zaprawdę, powiadam*

wam: Jeśli będziecie mieć wiarę jak ziarnko gorczycy, powiecie tej górze: Przesuń się stąd tam! a przesunie się. I nic niemożliwego nie będzie dla was." W odpowiedzi nażądanie Jego uczniów, Jezus odpowiada: „Wzmocnijcie swoją wiarę."
„Apostołowie prosili Pana: Przymnóż nam wiary. Pan rzekł: Gdybyście mieli wiarę jak ziarnko gorczycy, powiedzielibyście tej morwie: Wyrwij się z korzeniem i przesadź się w morze, a byłaby wam posłuszna" (Łukasz 17, 5-6).

Jakie jest duchowe znaczenie tych wersetów? Jeżeli wiara mała jak ziarnko gorczycy wzrasta i staje się wielką wiarą, nie ma nic niemożliwego. Kiedy człowiek przyjmuje Jezusa, otrzymuje wiarę mała jak ziarnko gorczycy. Jeżeli zasieje w swoim sercu to ziarno, zbierze plony. Kiedy ziarno wyrośnie i stanie się wielkim drzewem, gdzie wiele ptaków uwije sobie gniazda, człowiek doświadczy działania mocy Bożej, którą ukazał Jezus poprzez przywracanie wzroku, słuchu, mowy oraz zmartwychwzbudzanie.

Jeżeli uważasz, że masz wiarę, jednak nie możesz pokazywać działania mocy Bożej oraz masz problemu w rodzinie czy w pracy, twoja wiara jest mała jak ziarnko gorczycy i nie wyrosła jeszcze do rozmiarów wielkiego drzewa.

Proces wzrostu wiary duchowej

W 1 Jana 2,12-14 apostoł Jan wyjaśnia po krótce wzrost duchowej wiary.

„Piszę do was, dzieci, że dostępujecie odpuszczenia grzechów ze względu na Jego imię. Piszę do was,

ojcowie, że poznaliście Tego, który jest od początku. Piszę do was, młodzi, że zwyciężyliście Złego. Napisałem do was, dzieci, że znacie Ojca, napisałem do was, ojcowie, że poznaliście Tego, który jest od początku, napisałem do was, młodzi, że jesteście mocni i że nauka Boża trwa w was, i zwyciężyliście Złego."

Musimy sobie uświadomić, że wiara wzrasta. Musisz rozwijać swoją wiarę oraz mieć wiarę ojców, dzięki której pozmasz Boga, który istnieje od początku czasu. Nie możesz być zadowolony, jeżeli twoja wiara jest na poziomie wiary dziecka, którego grzechy zostały wybaczone dzięki Jezusowi Chrystusowi.

W Mateuszu 13,33 Jezus mówi: *"Powiedział im inną przypowieść: Królestwo niebieskie podobne jest do zaczynu, który pewna kobieta wzięła i włożyła w trzy miary mąki, aż się wszystko zakwasiło."*

Dlatego, powinieneś zrozumieć, że wiara, która wzrasta, chociaż jest mała jak ziarnko gorczycy, może stać się wielką wiarą tak szybko, jak drożdże działają w cieście. Tak jak napisano w 1 Koryntian 12,9: wiara jest darem duchowym, danym przez Boga.

Niebo na sprzedaż za wszystko, co masz

Musisz naprawdę się starać, aby zdobyć niebo, ponieważ niebo można zdobyć jedynie przez wiarę. Wiara może wzrastać. Nawet na tym świecie, musisz starać się, aby zdobyć bogactwo i sławę, nie mówiąc o tym, że zarobienie wystarczającej ilości pienięndy, aby kupić na przykład dom, wymaga sporego wysiłku. Staramy się, aby kupić i utrzymać różne rzeczy, z których żadna nie będzie trwała wiecznie. O ileż bardziej powinniśmy starać się zdobyć mieszkanie w niebie, które będzie trwało na wieki?

Jezus mówi w Ewangelii Mateusza 13,44: *„Królestwo niebieskie podobne jest do skarbu ukrytego w roli. Znalazł go pewien człowiek i ukrył ponownie. Z radości poszedł, sprzedał wszystko, co miał, i kupił tę rolę."* Kontunuuje w 13,45-46: *„Dalej, podobne jest królestwo niebieskie do kupca, poszukującego pięknych pereł. (46) Gdy znalazł jedną drogocenną perłę, poszedł, sprzedał wszystko, co miał, i kupił ją."*

A więc jakie tajemnice nieba odkrywa przed nami przypowieść i zakopanym skarbie oraz perle? Jezus zazwyczaj opowiadał przypowieści o przedmiotach, które były znane i bliskie ludziom. Spójrzmy na przypowieść o skarbie ukrytym na polu.

Był sobie ubogi farmer, który żył z wypłaty, którą otrzymywał każdego dnia. Pewnego dnia poszedł do pracy na prośbę swojego sąsiada. Sąsiad powiedział farmerowi, że ziemia była pusta, ponieważ nikt nie obsadzał jej od długiego czasu. Sąsiad chciał zasadzić drzewa owocowe na ziemi, aby jej nie marnować. Farmer zgodził się dla niego pracować. Pewnego dnia, kiedy orał ziemię pod łopatą poczuł coś twardego – farmer wykopał skarb. Farmer zaczął zastanawiać się, w jaki sposób mógłby sobie ten skarb przywłaszczyć. Postanowił kupić ziemię, w której zakopany był skarb, a ponieważ ziemia nie była żyzna, farmer pomyślał, że właściciel sprzeda ją bez problemu.

Farmer wrócił do domu i zaczął sprzedawać wszystko, co miał. Nie żałował, że sprzedaje swoje mienie, ponieważ odkrył skarb, który był wart o wiele więcej.

Przypowieść o skarbie ukrytym na polu

Co powinniśmy sobie uświadomić dzięki tej przypowieści? Mam nadzieję, że rozumiecie tajemnicę nieba, patrząc na cztery aspekty duchowego znaczenia przypowieści o skarbie ukrytym na polu.

Po pierwsze, pole oznacza twoje serce, a skarb oznacza niebo. Przypowieść wskazuje na to, że niebo, tak jak skarb, ukryte jest w twoim sercu.

Bóg stworzył człowieka z duchem, duszą i ciałem. Duch jest panem człowieka, który komunikuje się z Bogiem. Dusza jest posłuszna nakazom ducha, a ciało jest schronieniem dla ducha i duszy. Dlatego, ludzie byli kiedyś żywymi duchami, jak opisuje Księga Rodzaju 2,7.

Od czasu, kiedy pierwszy człowiek Adam popełnił grzecg, duch, pan człowieka nie komunikuje się już z Bogiem. Ludzie są teraz istotami duszy, która poddana jest szatanowi.

Bóg miłości posłał swojego jedynego Syna Jezusa na ten świat i pozwolił na Jego ukrzyżowanie i przelanie krwi jako ofiarę za odkupienie grzechów ludzkości. Dzięki temu otwarło się dla nas zbawienie, abyśmy stali się dziećmi świętego Boga i ponownie się z Nim komunikowali.

Dlatego, każdy, kto przyjmuje Jezusa jako swojego osobistego Zbawiciela otrzymuje Ducha Świętego i jego duch zostaje odnowiony. Ponadto, człowiek otrzyma prawo, aby stac się dzieckiem Bożym, a radość wypełni jego serce.

Oznacza to, że duchy komunikują się z Bogiem oraz mają

władzę na duchem i ciałem. Oznacza to również, że człowiek boi się Boga i jest posłuszny Jego słowu, wypełniając swoje obowiązki.

Dlatego, ożywienie ducha jest jednoznaczne z odnalezieniem skarbu ukrytego na polu. Niebo jest jak skarb ukryty na polu, ponieważ niebo jest obecne w twoim sercu.

Po drugie, człowiek, który odnalazł skarb ukryty na polu i jego radość wskazuje na fakt, że jeżeli człowiek przyjmuje Jezusa i otrzymuje Dycha Świętego, obumarły duch ożywia się i człowiek uświadamia sobie, że ma niebo w sercu i raduje się.

Jezus mówi w Ewangelii Mateusza 11,12: *„A od czasu Jana Chrzciciela aż dotąd królestwo niebieskie doznaje gwałtu i ludzie gwałtowni zdobywają je."* Apostoł Jan pisze w Apokalipsie 22,14: *„Błogosławieni, którzy płuczą swe szaty, aby władza nad drzewem życia do nich należała i aby bramami wchodzili do Miasta."*

Dzięki tym tekstom możemy nauczyć się, że nie każdy, kto przyjmuje Jeusa znajdzie się w Bożym królestwie. Jeżeli jesteśmy podobni do Jezusa i nasza wiara jest rpawdziwa, odziedziczymy mieszkanie w niebie.

Dlatego, ludzie, którzy kochają Boga i mają nadzieję na niebo będą postępować zgodnie ze Słowem Bożym we wszytskim i naśladować Jezusa odsuwają od siebie zło.

Zdobędziesz królestwo niebieskie, jeżeli niebo wypełni twoje serce, w którym królować będzie dobro i prawda. Nawet na tej ziemi, kiedy uświadomisz sobie, że niebo jest w twoim sercu, odczujesz niezwykłą radość.

Taką radość odczuwamy przy pierwszym spotkaniu z Jezusem.

Jakże szczęśliwy będzie człowiek, który przeszedł drogą śmierci, jednak zdobył prawdziwe życie i wieczność w niebie. Zbawiony człowiek będzie bardzo wdzięczny, ponieważ wierzy w królesto niebieskie w swoim sercu. W taki sposób, radość człowieka, który cieszy się ze znalezienia skarbu w polu oznacza radość z przyjęcia Jezusa oraz posiadanie w swym sercu królestwa niebieskiego.

Po trzecie, ponowne ukrycie skarbu po jego odnalezieniu oznacza ożywienie martwego ducha, który pragnie żyć zgodnie ze słowem Bożym, jednak nie potrafi zacząć samodzielnie działać, ponieważ nie otrzymał mocy, aby żyć zgodnie ze słowiem Boga.

Farmer nie mógł od razu wykopać skarbu. Najpierw musiał sprzedać swój majątek i kupić pole. Tak samo, my ludzie wiemy, że jest piekło i niebo i wiemy, że aby dostać się do nieba musimy przyjąć Jezusa, jednak nie jesteśmy w stanie owocowac dobrymi uczynkami dopóki nie słuchamy Słowa Bożego.

Zanim człowiek przyjmie Jezusa prowadzi niesorawiedliwe życie, które nie jest zgodne ze Słowem Boga i w jego sercu pozostaje wiele niesprawiedliwości. Jeżeli nie odrzuci wszystkiego, co jest fałszywe w swoim sercu, szatan nadal będzie prowadził go w stronę ciemności i odwodził od życia zgodnego ze Słowem Bożym. Podobnie, jak farmer, który sprzedał wszystko, co miał, aby kupić ziemię, możesz mieć skarb w swoim sercu, jeżeli odetniesz swój umysł od złych rzeczy i wypełnisz swoje serce prawdą tak, jak chce tego Bóg.

Musisz podążać za prawdą, któryra jest słowem Bożym, polegając na Bogu i często się modląc. Jedynie wtedy grzech zostanie odrzucowny i otrzymasz moc, aby postępować zgodnie ze słowem Bożym. Musisz pamiętać, że niebo zostało przygotowane tylko dla ludzi, którzy żyją zgodnie ze słowem Boga.

Po czwarte, sprzedaż wszystkich majętności oznacza, że aby ożywić swojego ducha, musimy zniszczyć fałsz w naszej duszy.

Kiedy nastąpi ożywienie ducha, uświadomisz sobie istnienie nieba. Posiądziesz niebo, niszcząc wszelkie fałszywe myśli, które należą do duszy kontrolowanej przez szatana oraz dzięki wierze popartej uczynkami. Działa to na takiej samej zasadzie, jak przełamanie skorupki jajka przez kurczątko, które chce rozpocząć życie na tym świecie.

Dlatego, musimy odsunąć od siebie uczynki i pragnienia ciała, aby w pełni posiąść niebo. Co więcej, musimy stać się w pełni ludźmi ducha i przypominać swoją naturą Chrystusa (1 Tes. 5,23).

Uczynki ciała są uosobieniem zła w sercu człowieka. Pragnienia ciała odnoszą się do natury grzechu w sercu. Mogą w każdej chwili przerodzić się w uczynki. Na przykład, jeżeli masz w sercu nienawiść, jest ona pragnieniem twojego ciała i jeśli ta nienawiść doprowadzi cię do uderzenia drugiego człowieka, jest to uczynkiem ciała.

Galacjan 5,19-21 mówi: *„Jest zaś rzeczą wiadomą, jakie uczynki rodzą się z ciała: nierząd, nieczystość, wyuzdanie, uprawianie bałwochwalstwa, czary, nienawiść, spór, zawiść, wzburzenie, niewłaściwa pogoń za zaszczytami, niezgoda, rozłamy, zazdrość, pijaństwo, hulanki i tym podobne. Co do nich zapowiadam wam, jak to już zapowiedziałem: ci, którzy się takich rzeczy dopuszczają, królestwa Bożego nie odziedziczą."*

W liście do Rzymian 13,13-14 czytamy: *„Żyjmy przyzwoicie jak w jasny dzień: nie w hulankach i pijatykach, nie w rozpuście i wyuzdaniu, nie w kłótni i zazdrości. Ale przyobleczcie się w Pana Jezusa Chrystusa i nie troszczcie się zbytnio o ciało, dogadzając żądzom."*

Dlatego, sprzedaż swoich majętności oznacza zniszczenie fałszu w swojej duszy i odcięcie się od złych uczynków i pragnień ciała, które nie są zgodne ze słowem Bożym, i wszystkiego innego, co kochamy bardziej niż Boga.

Jeżeli będziemy odsuwać od siebie grzech i zło, nasz duch ożyje i będziemy żyć zgodnie ze Słowem Bożym, podążając za wskazówkami Ducha Świętego. W końcu, staniemy się ludźmi ducha i będziemy w stanie uzyskać boską naturę naszego Pana (Filip. 2,5-8).

Otrzymamy niebo zgodnie z tym, co osiągnęlismy w naszym sercu

Osoba, która posiądzie niebo przez wiarę to osoba, która sprzeda swoje majętności, odsuwając od siebie zło i wypełniając swoje serce niebem. W końcu, kiedy powróci Pan, zarys nieba, który mamy stanie się rzeczywistością i osiągniemy życie wieczne. Osoba, dostanie się do nieba będzie najbogatszą osobą, nawet jeżeli wszystkiego pozbyła się na ziemi. Jednak człowiek, który nie dostanie się do nieba, to człowiek ubogi, który nie posiada nic, nawet jeżeli na tym świecie miał wszystko. Wszystko, czego potrzebujesz jest w Jezusie, a wszystko poza Jezusem nie ma żadnej wartości, ponieważ po śmierci, czeka nam jedynie sąd ostateczny.

Dlatego Mateusz zdecydował się podążać za Jezusem i rzucił

pracę. Dlatego Piotr podążył za Jezusem, zostawiając swoją łódź i sieć. Nawet apostoł Paweł uznał wszystko za śmiecie, przyjmując Jezusa. Powodem, dla któego apostołowie mogli tak postąpić było to, że chcieli odnaleźć skarb, który jest więcej wart niż cokolwiek na tym świecie, i wykopać go.

W taki sam sposób, musimy okazać swoją wiarę w uczynkach przez posłuszeństwo prawdziwemu słowu oraz odcięcie się od grzechu przeciwko Bogu. Musimy zdobyć królestwo niebieskie w swoim sercu, wyzbywając się wszelkiego zła, upartości, dumy, wyniosłości, które do tej pory uważałeś za cenne.

Dlatego, nie powinniśmy szukać rzeczy tego świata, ale sprzedać wszystko, co mamy, aby osiągnąć niebo w swoim sercu i odziedziczyć wieczne życie w królestwie niebieskim.

Dom mojego Ojca jest moją ucieczką

W Ewangelii Jana 14,1-3 czytamy, że w niebie jest wiele mieszkań i Jezus poszedł, aby je dla nas przygotować.

„Niech się nie trwoży serce wasze. Wierzycie w Boga? I we Mnie wierzcie. W domu Ojca mego jest mieszkań wiele. Gdyby tak nie było, to bym wam powiedział. Idę przecież przygotować wam miejsce. A gdy odejdę i przygotuję wam miejsce, przyjdę powtórnie i zabiorę was do siebie, abyście i wy byli tam, gdzie Ja jestem."

Pan poszedł, aby przygotować dla nas miejsce w niebie

Jezus powiedział swoim uczniom te rzeczy zaraz przed pojmaniem i ukrzyżowaniem. Patrząc na swoich uczniów, którzy martwili się, kiedy usłyszeli o zdradzie Judasza, wyparciu się Piotra oraz śmierci Jezusa, Jezus pocieszał swoich uczniów, mówiąc im o mieszkaniach w niebie.

Dlatego powiedział: *„W domu Ojca mego jest mieszkań wiele. Gdyby tak nie było, to bym wam powiedział. Idę przecież przygotować wam miejsce."* Jezus został ukrzyżowany i zmartwychwstał po trzech dniach, przełamując władzę śmierci. Po czterdziestu dniach, wrócił do nieba. Wielu ludzi widziało Jego odejście do nieba, gdzie poszedł przygotować dla nas mieszkanie.

Co oznacza, że „idę przygotować wam miejsce?" Jak napisano w 1 Jana 2,2: *„On bowiem jest ofiarą przebłagalną za nasze grzechy i nie tylko za nasze, lecz również za grzechy całego świata."* To znaczy, że Jezus prełamał ścianę grzechu między Bogiem i człowiekiem, więc każdy może zdobyć niebo dzięki wierze.

Bez udziału Jezusa, ściana grzechu między Bogiem i człowiekiem nigdy by nie opadła. W Starym Testamencie, kiedy człowiek popełnił grzech, składał ofiarę ze zwierząt, aby odpokutować za swój grzech. Jezus dał nam możliwość przebaczenie grzechów i uświęcenia, oddając samego siebie jako ofiarę (Hebr. 10,12-14).

Dzięki Jezusowi, ściana grzechu między Bogiem a człowiekiem została zburzona i możemy uzyskać błogosławieństwo królestwa niebieskiego oraz cieszyć się pięknym i szczęśliwym życiem wiecznym.

„W domu Ojca mego wiele jest mieszkań"

W Ewangelii Jana 14,2 Jezus mówi: *„W domu Ojca mego jest mieszkań wiele."* Jezus pragnie w swoim sercu, aby wszyscy zostali zbawieni. Dlaczego Jezus powiedział: „w domu Ojca mego" zamiast „w królestwie niebieskim?" Ponieważ Bóg nie chce obywateli, ale dzieci, z którymi może dzielić się swoją wieczną miłością jako Ojciec.

Bóg rządzi niebem, które jest wystarczająco duże, aby pomieścić wszystkich zbawionych przez wiarę. Ponadto, jest niezwykle pięknym i fantastycznym miejscem, którego nia można porównać do żadnego miejsca na tym świecie. W królestwie niebieskim miejsce najpiękniejszym jest Nowe Jeruzalem, gdzie znajduje się tron Boży. Tak jak Niebieski Dom w Seulu, stolicy Korei, czy Biały Dom w Waszyngtonie, stolicy Stanów Zjednoczonych przeznaczone są dla prezydentów danego kraju, tak w Nowym Jeruzalem znajduje się tron Boga.

Gdzie jest Nowe Jeruzalem? Nowe Jeruzalem znajduje się w centrum nieba i jest miejscem, gdzie ludzie wiary będą mieszkać na wieki. Najbardziej zewnętrzną częścią nieba jest Raj. Zamieszkają tam ludzie, którzy jedynie przyjęli Jezusa i nie uczynili nic dla królestwa Bożego, tak jak złoczyńca, który został ukrzyżowany wraz z Jezusem.

Człowiek otrzymuje niebo zgodnie ze swoją miarą wiary

Dlaczego Bóg przygotował wiele mieszkań dla swoich dzieci? Bóg jest sprawiedliwy i daje każdemu według jego zbiorów (Gal. 6,7) oraz nagradza ludzi zgodnie z tym, co uczynili (Mat. 16,27; Apokalipsa 2,23). Dlatego Bóg przygotował mieszkania zgodni miarą wiary.

W Rzymian 12,3 czytamy: *„Mocą bowiem łaski, jaka została mi dana, mówię każdemu z was: Niech nikt nie ma o sobie wyższego mniemania, niż należy, lecz niech sądzi o sobie trzeźwo – według miary, jaką Bóg każdemu w wierze wyznaczył."*
Dlatego musimy sobie uświadomić, że mieszkanie oraz chwała należne ludziom będą się od siebie różnić zgodnie z miarą wiary.

Twoje mieszkanie w niebie zależy od tego, jak bardzo twój charakter przypomina charakter Jezusa. Mieszkania w niebie będą przyznane w zależności od tego, w jakim stopniu osiągnęliśmy niebo w swoim sercu jako osoby duchowe.
Na przykład, powiedzmy, że dziecko i osoba dorosła rywalizują w jakiejś dyscyplinie sportowej lub prowadzą dyskusję. Świat dzieci i dorosłych różni się od siebie tak bardzo, że dzieci będą uważać za nudne spędzanie czasu z dorosłymi. Dla dzieci sposób myślenie, język oraz zachowanie dorosłych są zupełnie inne. Dla dzieci zabawne jest spędzanie czasu z innymi dziećmi, młodzieży z młodzieżą, a dla dorosłych z dorosłymi.
Tak samo w aspekcie duchowym. Ponieważ nasze dusze różnią się od siebie, Bóg miłośći i sprawiedliwości podzielił mieszknia w niebie zgodnie z miarą wiary tak, aby Jego dzieci żyły w szczęśliwości.

Pan przyjdzie, kiedy przygotuje miejsca w niebie

W Ewangelii Jana 14,3 Pan obiecał, że powróci i zabierze nas do królestwa niebieskiego, kiedy przygotuje dla nas miejsca w niebie.

Załóżmy, że jest człowiek, który otrzymał łaskę Bożą i ma swoje nagrody w niebie, ponieważ był wierny. Jednak, kiedy znów zacznie żyć według zasad tego świata, nie osiągnie zbawienie i znajdzie się w piekle. Jego nagrody w niebie nie będą miały żadnej wartości. Nawet jeżeli nie pójdzie do nieba, jego nagrody mogą stracić na wartości.

Kiedy człowiek rozczarowuje Boga, pomimo tego, że kiedyś był Mu wierny, lub ciągle pozostaje na tym samym poziomie w swoim chrześcijańskim życiu, jego nagrody mogą stracić na wartości.

Jednak Pan będzie pamiętał o wszystkim, co zrobiliśmy i jak staraliśmy się o królestwo niebieskie, będąc wiernymi. Jeżeli poświęcisz swoje serce w Duchu Świętym, oczyszczając je z grzechu, Pan zabierze cię do siebie, kiedy powróci i będzie błogosławiony, mieszkając w niebie – miejscu, które lśni niczym słońce. Bóg pragnie, aby Jego dzieci osiągnęły doskonałość. Mówi: *„A gdy odejdę i przygotuję wam miejsce, przyjdę powtórnie i zabiorę was do siebie, abyście i wy byli tam, gdzie Ja jestem."* Jezus pragnie oczyścić nas tak, jak sam jest czysty, dlatego trzymajmy się tego słowa nadziei.

Kiedy Jezus całkowicie wypełni wolę Bożą i uwielbi swego Ojca, Bóg wywyższy Jezusa i nada Mu nowe imię: „Król królów, Pan panów." Tym samym, tak jak my wywyższamy Boga w swoim życiu, tak On poprowadzi nas do chwały. Tak, jak odzwierciedlamy charakter Boga i jesteśmy Jego ukochanymi dziećmi, tak będziemy żyć blisko tronu Boga w niebie.

Mieszkania w niebie czekają na swoich właścicieli, dzieci

Boga, który jak Oblubieniec oczekuje na przybycie swojej oblubiennicy. Apostoł Paweł napisał w Apokalipsie 21,2: *„I Miasto Święte – Jeruzalem Nowe ujrzałem zstępujące z nieba od Boga, przystrojone jak oblubienica zdobna w klejnoty dla swego męża."*

Nawet najwspanialszy ślub pieknej oblubiennicy na tym świecie nie może być porównany z pięknem i szczęściem mieszkania w niebie. Mieszkania w niebie mają wszystko, czego nam trzeba tak, abyśmy mogli na wieki żyć w szczęściu.

W Księdze Przysłów 17,3 napisano: *„Dla srebra – tygiel, dla złota – piec, a dla serc probierzem jest Pan."* Dlatego modlę się w imieniu Jezusa, abyśmy uświadomili sobie, że Bóg oczyszcza ludzi, aby uczynić ich prawdziwie Swoimi dziećmi, uświęca je z nadzieją na Nowe Jeruzalem oraz zachęca, abyśmy się rozwijali i zdążali w kierunku nieba poprzez wiarę w królestwo niebieskie.

Rozdział 5

Jak będzie wyglądało nasze życie w niebie?

1. Styl życia w niebie
2. Ubrania w niebie
3. Pożywienie w niebie
4. Transport w niebie
5. Rozrywka w niebie
6. Uwielbienie, edukacja i kultura w niebie

*Są ciała niebieskie i ziemskie,
lecz inne jest piękno ciał niebieskich, inne –
ziemskich.
Inny jest blask słońca, a inny – księżyca i gwiazd.
Jedna gwiazda różni się jasnością od drugiej.*

- 1 Koryntian 15,40-41 -

Szczęście w niebie nie jest porównywalne z najlepszymi i najpiękniejszymi rzeczami na ziemi. Nawet spędzanie czasu ze swoimi ukochanymi na plaży daje jedynie chwilowe szczęście, które nie jest prawdziwe. W zakątku twojego umysłu nadal kryją się zmartwienia, którym musisz sprostać każdego dnia. Jeżeli prowadziłbyć taki styl życia przez miesiąc lub dwa, lub przez rok, szybko byś się znudził i zaczął szukać czegoś nowego.

Jednakże, życie w niebie, gdzie wszystko jest czyste i piękne niczym kryształ jest szczęściem samym w sobie, ponieważ wszystko będzie tak nowe, tajemnicze, radosne i szczęśliwe. Możesz cudownie spędzać czas z Bogiem Ojcem i Panem, możesz zajmować się swoim hobby, gra w ulubione gry i robić wszystkie ciekawe rzeczy. Spójrzmy, jak będą żyły dzieci Boże, kiedy dostaną się do nieba.

Styl życia w niebie

Nasze fizyczne ciało zostanie przemienione w ciało duchowe, które składa się z ducha, duszy i ciała w niebie, będziesz w stanie rozpoznać swoją żonę, męża, dzieci i rodziców na ziemi. Rozpoznasz również swojego pasterza oraz inne owieczki ze swojej trzody. Będziesz pamiętać o tym, o czym zapominałeś na tej ziemi. Będziesz bardzo mądry, ponieważ będziesz w stanie rozróżnić i zrozumieć Bożą wolę.

Niektórzy mogą się zastanawiać: „Czy wszystkie moje grzechy będą ujawione w niebie?" Tak się nie stanie. Jeżeli pokutowałeś za grzechy, Bóg nie będzie ich pamiętał (Psalm 103,12). Bóg będzie pamiętał jedynie o twoich dobrych uczynkach, ponieważ twoje grzechy zostaną przebaczone zanim trafisz do nieba.

Kiedy dostaniemy się do nieba, jak bardzo się zmieniemy i jakie życie będziemy prowadzić?

Ciało niebiańskie

Istoty ludzkie oraz zwierzęta na tej ziemi mają swoje kształty tak, że każda istota może być rozpoznana – czy to słoń, lew, orzeł czy człowiek.

W świecie trójwymiarowym każda istota ma swoje ciało, w niebie każdy z nas również będzie miał ciało. Jest to ciało niebiańskie. Dzięki temu będziemy mogli się nawzajem rozpoznawać. Jakie w takim razie będzie ciało niebiańskie?

Kiedy Pan powróci na ziemię, każdy z nas zostanie przemieniony i otrzyma ciało niebiańskie po dniu sądu. Zgodnie z tym, jaką otrzymamy nagrodę, światło chwały będzie jaśnieć od naszego ciała niebieńskiego w różnym stopniu.

Ciało niebiańskie ma kości jak ciało Jezusa po Jego zmartwychwstaniu (Jan 20,27), jednak jest to nowe ciało, które składa się z ducha, duszy i nienagannego ciała. Nasze ulegające zepsuciu ciało zmieni się w nowe ciało dzięki słowu i mocy Boga.

Ciało niebieńskie, składające się z nienagannych kości oraz mięśni, będzie lśniło, ponieważ jest odnowione i czyste. Nawet jeżeli ktoś nie ma teraz ręki lub nogi, lub jest kaleki, ciało niebiańskie, które otrzyma będzie doskonałe.

Ciało niebiańskie nie jest słabe jak cień, lecz posiada wyraźny kształt i nie podlega kontroli czasu i przestrzeni. Dlatego, kiedy

Jezus pojawił się przed swoimi uczniami po zmartwychwstaniu, mógł przejść przez ściany bez żadnego problemu (Jan 20,26).

Ciało ziemskie ma zmarszczki i psuje się, kiedy się starzejemy, jednak ciało niebiańskie będzie odświeżone jako ciało nienaganne, które zachowuje młodość i jaśnieje niczym słońce.

Wiek 33 lat

Wielu ludzi zastanawia się, czy ciało niebiańskie jest tak duże jak ciało osoby dorosłej, czy małe jak ciało dziecka. W niebie, każdy człowiek, młody czy stary, na wieki pozostanie młody i dorośnie do wieku 33 lat, wieku Jezusa, kiedy został ukrzyżowany na ziemi.

Dlaczego w niebie każdy z nas będzie miał 33 lata? Tak, jak słońce najjaśniej świeci w południe, szczytowy okres życia ludzkiego przypada właśnie na wiek około 33 lat.

Ci, którzy mają mniej niż 33 lata mogą być niedoświadczeni i niedojrzali, natomiast ci, którzy skończyli już 40 lat tracą energię. W wieku około 33 lat, ludzie są dojrzali i piękni w wielu aspektach. Ponadto, większość z nich bierze ślub, ma dzieci i wychowuje dzieci tak, że rozumieją, w pewnym stopniu, Boga, który opiekował się ludźmi na tej ziemi.

W ten sposób, Bóg zmieni nas i da nam ciało niebiańskie, abyś w niebie pozostał młody w wieku 33 lat – w najpiękniejszym wieku dla człowieka.

Nie ma związków biologicznych

Gdybyśmy żyli w niebie, mając ten sam wygląd fizyczny co

na ziemi, byłoby to dość śmieszne. Powiedzmy, że ktoś umarł w wieku 40 lat i poszedł do nieba. Jego syn poszedł do nieba w wieku 50 lat, a jego wnuk zmarł mając 90 lat i poszedł do nieba. Kiedy wszyscy spotkaja się w niebie, wnuk byłby najstarszy, a dziadek najmłodszy.

Dlatego w niebie, gdzie Bóg rządzi w swej wielkie sprawiedliwości i miłości, każdy będzie miał 33 lata, a biologiczne i fizyczne więzi nie będą miały znaczenia.

Nikt nie będzie nikogo nazywał ojcem, matką, syne, lub córką, pomimo że będą tak dzieci i rodzice. Ponieważ każdy będzie bratem i siostrą dla siebie jako dzieci Boże. Jednak ponieważ ludzie będą wiedzieć, że byli rodzicami lub dziećmi na ziemi i kochali się wzajmnie, w niebie również będą mogli darzyć się szczególnymi uczuciami.

Co jeśli matka pójdzie do drugiego nieba, a jej syn trafi do Nowego Jeruzalem? Na ziemi, syn miał służyć matce. W niebie, matka będzie schylać głowę przed swoim synem, ponieważ jego charakter bardziej upodabnie charakter Boga Ojca i swiatło, które bije od jego oblicza jest jaśniejsze niż jej światło.

Dlatego, nie będzimy innych nazywać po imieniu, jakiego używali na ziemi, ponieważ Ojciec nada nam nowe imiona, które będą miały duchowe znaczenie. Nawet na ziemi, Bóg zmienił imię Abrama na Abraham, Saraj na Sarę, a Jakuba na Izraela, co onzacza, że walczył w Bogiem i zwyciężył.

Różnica między kobietą a mężczyzną w niebie

W niebie nie będzie małżeństw, jednak będzie jasne

rozróżnienie między kobietami i mężczyznami. Po pierwsze, mężczyźni będą mieli 180-190 cm, natomiast kobiety będą niższe o około 10 cm.

Niektórzy ludzie bardzo przejmują się swoim wzrostem, uważają się za zbyt niskich lub zbyt wysokich, jednak w niebie nie będą mieli takich trosk. Ponadto, nikt nie będzie musiał martwić się swoją wagą. Nawet jeżeli będziemy chodzić po kwaiatach, kwiaty nie zgniotą się ani nie zwiędną. Ciało niebieńskie nie ma wagi, jednak mimo tego nie może być unoszone wiatrem – jest bardzo stabilne. Będziemy mieć wagę, jednak nie będziemy jej odczuwać. Będziemy mieć kształt i wygląd. Kiedy podnosisz kartkę papieru, nie czujesz wagi, a jednak wiesz, że z pewnością coś waży.

Włosy będziemy mieć w kolorze blond i lekko falowane. Mężczyźni będą mieć włosy do szyi, natomiast długość włosów kobiecych będzie różna. Długie włosy u kobiety będą oznaczać, że dostała wielką nagrodę – najdłuższe włosy będą sięgać do talii. Dlatego, dla kobiety będzie to ogromną chwałą i dumną, aby mieć długie włosy (1 Kor. 11,15).

Na ziemi, wiekszość kobiet ma nadzieję mieć i próbuje uzyskać jasną i delitakną skórę. Nakładają kosmetyki, aby ich skóra była jędrna, miękka oraz pozbawiona zmarszczek. W niebie, każdy będzie miał nieskazitelną skórę – jasną, czystą i błyszczącą światłem chwały.

Co więcej, ponieważ w niebie nie będzie zła, nie będzie potrzeby nakładania makijażu lub martwienia się o wygląd, ponieważ wszystko będzie pięknie wyglądać. Światło chwały jaśniejące od ciała niebiańskiego będzie świecić się na biało zgodnie z tym, jak bardzo będziemy uświęceni oraz jak bardzo nasz charakter będzie przypominał charakter Jezusa. Ponadto, dzięki temu zachowana będzie kolejność.

Serce ludzi, którzy mieszkają w niebie

Ludzie, którzy posiądą ciała niebieńskie będą mieli serce duchowe, które ma boską naturę i nie ma w sobie żadnego zła. Tak, jak ludzie chcą mieć i dotykać tego, co dobre na ziemi, nawet serce ludzi w niebie pragną czuć piękno innych, patrzyć na nie i dotykać go z zadowoleniem. Nie będzie tam jednak chciwości i zazdrości.

Ponadto, ludzie na ziemi zmieniają się dla własnych korzyści oraz szybko męczą się różnymi rzeczami, nawet ładnymi i dobrymi. Serce ludzi w niebie nie będzie miało w sobie żadnej chytrości i nie będzie się zmieniać.

Na przykład, ludzie na ziemi jeżeli są biedni ze smakiem zjadają nawet tanie i niskiej jakości jedzenie. Jeżeli się wzbogacają, nie są zadowoleni z tego, co kiedyś im smakowało i szukaja lepszego jedzenia. Jeżeli kupisz dziecku nową zabawkę, dziecko na początku jest bardzo szczęśliwe, ale po kilku dniach znudzi się zabawką i będzie chciało nową. W niebie, nie będzie jednak takiej mentalności, więc jeżeli coś będzie ci się podobało to tak zostanie na zawsze.

Ubrania w niebie

Niektórzy ludzie mogą myśleć, że ubrania w niebie będą takie same jak na ziemi, jednak to nieprawda. Bóg jest Stworzycielem i

Sprawiedliwym Sędzią, który oddaje każdemu według uczynków jego. Dlatego, nagrody w niebie będą różne, ubrania też będą się różnić według uczynków na ziemi (Apokalipsa 22,12). W takim razie, jakie będziemy mieć ubrania w niebie i jak będziemy je przyozdabiać?

Ubrania w niebie w różnych kolorach i stylach

W niebie każdy będzie nosił jasne, białe i lśniące ubrania. Będą one miękkie jak jedwab i lekkie tak, jakby nic nie ważyły. Będą pięknie układać się na ciele.

Ponieważ każdy z nas jest uświęcony do innego stopnia, światło bijące od naszych ubrań będzie inne. Im bardziej nasz charakter przypomina charakter Boga, tym jaśniej i piękniej będą lśniły nasze ubrania.

Ponadto, w zależności od wykonanej dla Pana pracy oraz uwielbienia Go, otrzymamy różne ubrania z różnymi wzorami i z różnych materiałów.

Na ziemi, ludzie noszą różne ubrania zgodnie z ich statusem społecznym i ekonomicznym. Podobnie w niebie, będziemy nosić ubrania różnokolorowe w zależności od pozycji, jaką będziemy zajmować w niebie. Nawet fryzury i dadatki będą się różnić.

Ponadto, w dawnych czasach rozpoznawano status społeczny po kolorze ubrania. Tym samym, ludzie w niebie będą w stanie rozpoznawać pozycję oraz ilość nagród przyznanemu danej osobie w niebie. Ubrania w różnych kolorach i kształtach oznaczają, że ktoś został bardziej uwielbiony.

Dlatego, ci, którzy wejdą do Nowego Jeruzalem bardziej przyczynili się do pracy dla królestwa Bożego, otrzymają piękniejsze, bardziej kolorowe i lśniące ubrania.

Z drugiej strony, jeżeli niewiele uczyniłeś dla królestwa Bożego, otrzymasz mniej ubrań w niebie. Jeżeli natomiast pracowałeś z wiarą i miłością, otrzymasz wiele ubrań w różnych kolorach i kształtach.

Ubrania w niebie zdobione na różne sposoby

Bóg ofiaruje nam ubrania z różnymi zdobieniami, aby pokazać chwałę każdego człowieka. Tak, jak rodzina królewska w przeszłości pokazywała swoją pozycję ozdabiając swoje ubrania w różny sposób, tak ubrania w niebie również zostaną przyozdobione w różny sposób, aby pokazać chwałę i pozycję każdej osoby.

Będą ozdoby wyrażające dziękczynienie, chwałę, modlitwę, radość, uwielbienie itd., które zostaną naszyte na ubrania w niebie. Kiedy śpiewasz pieśni uwielbienia z dziękczynieniem za miłość i łaskę Boga Ojca i Pana, lub kiedy śpiewasz, by uwielbić Boga, jest to dla Niego niczym cudowany aromat, więc nakłada ozdoby na twoje ubrania w niebie.

Ozdoby radości oraz dziękczynienia będą umieszczane na ubraniach dla ludzi, którzy byli prawdziwie radośni i wdzięczni w swoich sercach, i pomimo smutku i prób pamiętają o łasce Boga Ojca, który dał życie wieczne i królestwo niebieskie.

Poza tym, ozdoby modlitwy otrzymają ci, którzy modlili się o królestwo Boże. Wśród tych ozdób najpiękniejsza jest jednak ozdoba chwały. Jest najtrudniejsza do zdobycia. Otrzymają ją jedynie ci, którzy zrobili wszystko, co mogli dla chwały Boga. Tak, jak król czy prezydent wynagradza żołnierza, który wyróżnił się swoją służbą, szczególnym honorowym medalem, ozdoba chwały jest przyznawana szczególnie tym ludziom, którzy pracowali niestrudzenie dla królestwa Bożego i oddawali Mu cześć. Dlatego, ludzie, którzy założą ubrania z ozdobą chwały są najbardziej szlachetnymi ludźmi w królestwie Bożym.

Nagrody w postaci koron i drogich kamieni

W niebie jest niezliczona ilość drogich kamieni. Niektóre z nich będą nagrodą dla ludzi wierzących i zostaną umieszczone na ich ubraniach. W Księdze Apokalipsy czytamy, że Pan miał na głowie złotą koronę oraz szarfę na swojej piersi. To również są nagrody, które Jezus otrzymał od Boga.

Biblia wspomina kilka rodzajów koron. Korony różnią się od siebie wartością, ponieważ pełnią funkcję nagrody.

Jest wiele rodzajów koron, które są przyznawane zbawionym zgodnie z ich uczynkami. Nieskazitelna korona przyznawana jest zwycięzcom (1 Kor. 9,25), korona chwały osobom, które uwielbiły Boga (1 Piotr 5,4), korona życia tym, którzy byli wierni aż do śmierci (Jakub 1,12; Ap. 2,10), złota korona dla 24 starców wokół tronu Boga (Ap. 4,4; 14,14) oraz korona sprawiedliwości, za którą tęsknił apostoł Paweł (2 Tym. 4,8).

Korony w różnych kształtach ozdobione są drogimi kamieniami, złotem, kwiatami, perłami, itp. Patrząc na otrzymaną koronę, rozpoznamy jego świętość i nagrodę.

Na tej ziemi każdy może kupować drogie kamienie, jeżeli ma pieniądze, jednak w niebie kamienie będą nagrodą. Czynniki takie jak liczba ludzi, których doprowadziłeś do zbawienia, suma darów, które złożyłeś ze szczerego serca oraz wiara określają różne rodzaje przyznawanych nagród. Dlatego, drogie kamienie oraz korony muszą się od siebie różnić, ponieważ przyznawane są zgodnie z uczynkami. Światło, piękno, splendor oraz liczb drogich kamieni i koron są różne. Tak samo jak mieszkania w niebie. Mieszkania w niebie są różne i przyznawane zgodnie z wiarą. Rozmiar, piękno i jasność złota i innych kamieni, tak jak domów są różne. W rozdziale 6 dokłądniej przyjrzymy się tym kwestiom.

Pożywienie w niebie

Kiedy pierwsi ludzie mieszkali w ogrodzie Eden, spożywali jedynie owoce i rośliny pestkowe (Ks. Rodz. 1,29). Jednak, kiedy Adam został wygnany z Edenu z powodu nieposłuszeństwa, ludzie zaczęli również spożywać warzywa z ziemi. Po potopie ludzie zaczęli jeść mięso. W ten sposób, człowiek stał się gorszy w zależności od pokarmów jakie spożywał.

Co będziemy jeśc z niebie, gdzie nie będzie zła? Niektórzy mogą się zastanawiać, czy w ogóle ciała niebiańskie będą wymagały pokarmów. W niebie będziemy pić wodę życia oraz jeść i wąchać owoce.

Oddech ciała niebiańskiego

Tak, jak ludzie oddychają na ziemi, tak mieszkańcy nieba będą oddychali w niebie. Ciała niebiańskie nie muszą oddychać, jednak ciało odpoczywa podczas oddechu, tak jak na ziemi. Ciało oddycha nie tylko przez usta i nos, ale również oczy i wszystkie komórki organizmu oraz serce.

Bóg wdycha zapach naszego serca, ponieważ jest Duchem. Bóg był zadowolony z poświęcenia ludzi sprawiedliwych i wdychał słodki zapach ich serc w czasach Starego Testamentu (Ks. Rodzaju 8,21). W Nowym Testamencie, Jezus – czysty i nieskazitelny – oddał siebie za nas – ofiarę oraz poświęcenie się Bogu jako ofiara wonna (Efez. 5,2).

Dlatego, Bóg przyjmuje woń serca, kiedy uwielbiamy Go, mogliwmy się lub śpiewamy ze szczerego serca. Tak bardzo jak nasz charakter jest podobny do charakteru Jezusa i staliśmy się sprawiedliwi, możemy rozprzestrzeniać woń Chrystusa i zostać przyjęci jako ofiara wonna. Bóg przyjmuje nasze uwielbienie i modlitwy z przyjemnością.

W Ewangelii Mateusza 26,29 czytamy o Jezusie, który modli się o nas odkąd opuścił niebo, nie jedząc nic przez dwa tysiąclecia. Podobnie, w niebie ciało niebiańskie może żyć bez jedzenia i oddechu. Będziemy żyć wieczne, kiedy pójdziemy do nieba, ponieważ nasze ciało stanie się ciałem duchowym i nigdy nie zostaniemy unicestwieni.

Kiedy ciało niebiańskie oddycha, odczuwa więcej radości i szczęścia, a duch odnawia się i odświeża. Tak, jak ludzie przestrzegają zrównoważonej diety dla zdrowia, niebiańskie ciało wdycha woń nieba.

Kiedy wiele rodzajów kwiatów i owoców pachnie, ciała niebiańskie wdychają wonie. Nawet kiedy zapachy powtarzają się, ciało czyje się szczęśliwsze i zadowolone.

Co więcej, kiedy ciało niebiańskie wdycha woń kwiatów i owoców, zapach ten wnika w jego ciało niczym perfum, a następnie ciało pachnie. Tak, jak czujemy się dobrze, kiedy użyjemy perfumu, ciało niebiańskie będzie czuć się szczęśliwsze z powodu piękneo zapachu.

Wyładowanie się przez oddech

Jak ludzie jedzą i spędzają czas w niebie? W Biblii czytamy, że Jezus pojawił się przed uczniami po swoim zmartwychwstaniu, tchnął na nich (Jan 20,22) i zjadł posiłek (Jan 21,12-15). Jezus zjadł posiłek nie dlatego, że był głodny, lecz pragnął podzielić się swoją radością z uczniami oraz pokazać, że ludzie w niebie również będą spożywać posiłki. Dlatego Biblia opisuje, że po zmartwychwstaniu Jezus zjadłchleb i rybę.

Dlaczego Biblis opisuje, że Jezus tchnął na uczniów? W niebie po spożyciu posiłku, pokarm rozpuści się i zostanie wydalony w oddechu. W niebie pokarm rozkłada się natychmiast i jest wydalony z organizmu poprzez oddech. Dlatego nie ma potrzeby budowania toalet. Jakże wygodne i cudowne będzie spożywanie pokarmu w niebie, jeżeli nie będzie konieczności wydalania go i wdychania przykrych zapachów.

Transport w niebie

W okresie historii rodzaju ludzkiego, w postępie cywilizacji i nauki, opracowano coraz szybsze i wygodniejsze środki transportu, taki jak samochody, wagony, statki, samoloty itp.

W niebie będzie również wiele rodzajów środków transportu. Będzie system transportu publicznego, jak pociągi, oraz transport prywatny, jako złote wagony oraz pojazdu z chmur.

W niebie, ciało niebiańskie będzie się szybko przemieszczać, ponieważ nie ma ograniczeń czasu i przestrzeni, jednak używanie środków transportu w niebie będzie przyjemne i zabawne.

Podróżowanie i transport w niebie

Jakże przyjemne będzie podróżowanie i oglądanie pięknych i cudownych rzeczy, jakie przygotował Bóg.

Każdy zakątek nieba będzie piękny i będziemy mogli się nim cieszyć. Serce ludzi w niebie jest niezmienne, nie nudzi się ani nie męczy. Tak więc podróżowanie w niebie jest bardzo przyjemnym i ciekawym doświadczeniem.

Ciało niebiańskie nie potrzebuje środków transportu, ponieważ nie męczy się i potrafi przemieszczać latając. Jednak używanie środków transportu jest bardzo wygodne. Podobnie jak jazda autobusem jest wygodniejsza niż chodzenie pieszo, jazda taksówką lub prowadzenie samochodu są wygodniejsze niż jazda autobusem lub metrem.

Jeżeli pojedziesz w niebie pociągiem, który jest ozdobiony drogimi kamieniami, możesz dotrzeć do celu i wcale nie będą potrzebne linie kolejowe, a pociąg będzie mógł skręcać w prawo i lewo, jechać w górę lub w dół.

Kiedy ludzie w Raju dostaną się do Nowego Jeruzalem, pojadą pociągiem niebieskim, ponieważ te miejsca są od siebie oddalone. Dla pasażerów będzie to niezwykłym doświadczeniem. Jazda wśród świateł i oglądanie pięknej scenerii przez okna. Będą czuli się szczęśliwi, ponieważ zobaczą Boga Ojca.

W niebie będzie szczególny złoty wagon dla szczególnych osób, które będą chciały przemiszczać się w niebie. Ma białe skrzydła i w środku znajduje się guzik. Za pomocą tego guzika, wagon może się przemieszczać lub latać, gdziekolwiek będzie chciał podróżujący.

Pojazd z chmur

Chmury będą dekoracją nieba i dodadzą mu piękna. Kiedy człowiek uda się w jakieś miejsce otoczony chmurami, jego ciało będzie lśniło. Inni odczują jego godność, chwałę i władzę, widząc chmury.

Biblia mówi, że Pan przyjdzie na obłokach (1 Tes. 4,16-17). Jest to bardzo majestatyczne, godne i piękne. Chmury dodadzą chwały również dzieciom Bożym.

Jeżeli dostaniesz się do Nowego Jeruzalem, otrzymasz wspaniały pojazd. Jest to pojazd wykonany z chmury chwały w niebie. Obłok pokazuje chwałę, godność oraz władzę właściela. Jednak, nie każdy otrzyma taki pojazd, ponieważ jest to nagroda dla szczególnych osób, które wejdą do Nowego Jeruzalem dzięki uświęceniu i wierności domowi Bożemu.

Ci, którzy wejdą do Nowego Jeruzalem będą mogli udać się wszędzie dzięki temu pojazdowi. Podczas jazdy, aniołowie będą im usługiwać. Podobnie, jak ministrowie służą królowi lub księciu, kiedy podróżuje. Ich służba tym bardziej podkreśla władzę i chwałę właściciela pojazdu.

Pojazd z chmur prowadzony jest przez aniołów. Ma jednao prywatne siedzenie lub wiele siedzeń dla większej ilości ludzi. Kiedy mieszkaniec Nowego Jeruzalem gra w golfa lub porusza się po polu golfowym, pojazd porusza się zgodnie z wolą właściciela.

Wyobraź sobie, że latasz na niebie, prowadzisz pojazd z

chmur i służą ci aniołowie w Nowym Jeruzalem. Ponadto, wyobraź sobie, że jedziesz z Panem lub ze swoimi ukochanymi. Prawdopodobnie ogrania cię niezwykła radość.

Rozrywka w niebie

Niektórzy uważają, że posiadanie niebiańskiego ciała nie jest zbyt zabawne. Jednak to nieprawda. Nasze ciało męczy się lub nie czerpie całkowitej satysfakcji z rozrywki na tym świecie, jednak w świecie duchowym rozrywka jest zawsze orzeźwiająca.

Nawet na tym świecie, im więcej osiągniesz w kwestii budowania swojego ducha, tym głębszą miłość odczuwasz i tym jesteś szczęśliwszy. W niebie, możesz czerpać przyjemność ze swoich zainteresowań i rozrywki. Jest to o wiele bardzo adowalające niż jakakolwiek forma rozrywki na ziemi.

Zainteresowania i gry

Ludzie na ziemi rozwijają swoje talenty oraz czerpią przyjemność ze swoich zainteresowań. Podobnie w niebie możesz czerpać z tego przyjemność. Możesz dalej rozkoszować się tym, co robiłeś na ziemi oraz spróbować rzeczy, których nie miałeś możliwości spróbować wcześniej. Możesz nauczyć się czegoś nowego.

Ci, którzy interesują się muzyką, mogą uwielbiać Boga, grając na harfie. Mogą nauczyć się grać na pianinie, flecie lub innych instrumentach, ponieważ każdy może łatwiej rozwijać swoją wiedzę i talenty w niebie.

Możesz rozmawiać z przyrodą i zwierzętami. Nawet rośliny i zwierzęta rozpoznają dzieci Boże, przywitają ich oraz wyrażą szacunek i miłość.

Co więcej, możesz uprawiać sporty, takie jak tenis, koszykówka, kręgle, golf lub paralotniarstwo. Nie będzie boksu ani zapasów, ponieważ są to sporty, podczas których dochodzi do zranienia. Hale sportowe ani sprzęt nie będą niebezpieczne. Będą przygotowane ze świetnych materiałów oraz ozdobione drogimi kamieniami, aby dawać więcej radości.

Nawet sprzęt sportowy rozpozna dzieci Boże i da im więcej radości, piłki będą zmieniać kolory oraz ustawiać się zgodnie z życzeniem gracza.

W niebie, nie będzie zła, które pragnie zwycięstwa lub porażki kogokolwiek. Przyjemność i korzyści oznaczają zwycięstwo w grze. Niektózy mogą uważać, że gra nie ma sensu, skoro nie będzie zwycięzcy i przegranego, jednak w niebie zwycięstwo nie będzie dawać przyjemności. Sama gra będzie radością.

Oczywiście, będą gry, które dają przyjemność w zdrowej rywalizacji. Na przykład, będzie gra, w której wygrywa ten kto będzie w stanie powąchać więcej zapachu kwiatów, zmieszać je i przygotować najpiękniejszy zapach.

Różne rodzaje rozrywki

Są ludzie, którzy zastanawiają się, czy w niebie będą wesołe miasteczka. Oczywiście w niebie będzie to przyjemniejsze i bezpieczniejsze.

W nieie, nikt się nie męczy, a różne czynności nie pograszają ludzkiego wzroku. Nikt się nie nudzi. Ludzie będą spokojni oraz będą czuli się młodo. Kiedy zwyciężysz lub zdobędziesz najwyższą liczbę punktów, będziesz odczuwał przyjemność i dalszą chęc do gry.

Ludzie w niebie będą mieli niebiańskie ciała, nie będą bali się upadku i przejażdżek na roller costerach. Będą odczuwać przyjemność i ekscytację. Nawet ludzie, którzy teraz mają lęk wysokości, w niebie będą mogli korzystać z takich rozrywek.

Nawet jeżeli spadniesz z karuzeli, nic ci się nie stanie, ponieważ będziesz miał niebiańskie ciało. Jeśli spadniesz, aniołowie ochronią cię. Wyobraź sobie przejażdżkę roller costerem z Jezusem i ukochanymi. Jakże szczęśliwi i zadowoleni będziemy!

Uwielbienie, edukacja i kultura w niebie

Nie będzie konieczności, aby pracować, żeby zdobyć pożywienie, ubrania oraz dom w niebie. Niektórzy mogą się zastanawiać: „Co będziemy robić przez całe wieki?" Nie musimy się o to martwić.

W niebie jest wiele rzeczy, którymi możemy się cieszyć. Będzie wiele ciekawych i ekscytujących czynności oraz wydarzeń, gier, możliwości edukacji, nabożeństw, przyjęć, festivali, podróży oraz imprez sportowych.

Nikt nie musi brać w nich udziału, jednak każdy robi to z przyjemnością i czerpie z tego przyjemność i szczęście.

Uwielbienie Boga Stworzyciela

Tak, jak uczeszczamy na nabożeństwa i uwielbiamy Boga

na ziemi, tak będziemy to czynić w niebie. Oczywiście, Bóg będzie głosił poselstwo i dzięki niemu, dowiemy się więcej o pochodzeniu Boga, duchowej rzeczywistości, która nie ma początku ani końca.

Ogólnie, ludzie, którzy będą się uczyć, będą chcieli dowiedzieć się jak najwięcej, widząc swojego nauczyciela. Żyjąc wierze, ludzie, którzy kochają Boga i wielbią Go w duchu i w prawdzie czekają na nabożeństwa oraz pragną słuchać głosu swojego pasterza, który głosi słowo życia.

Kiedy znajdziemy się w niebie, będziemy czerpać przyjemność, uwielbiając Boga i czekać, aby usłyszeć Jego słowo. Będziemy słuchać Jego słowa na nabożeństwach, rozmawiać z Bogiem i słuchać słowa Pana. Będzie też czas na modlitwę. Jednak nie będziemy klękać ani zamykać oczy tak, jak robimy to na ziemi. Będziemy rzeczywiście rozmawiać z Bogiem. Modlitwa w niebie będzie rozmową z Bogiem Ojcem, Panem i Duchem Świętym. Jakże szczęśliwe to będą czasy!

Będziemy mogli uwielbiać Boga. Nie będzie to język tego świata. Będziemy śpiewać nowe pieśni. Ci, którzy wspólnie przejdą przez próby lub członkowie jednego kościoła zgromadzą się, aby uwielbiać swojego Pasterza i spędzać z Nim czas.

W jaki sposób ludzie będą wspólnie uwielbiać Boga w niebie, skoro ich mieszkania będą w różnych miejscach? W niebie światła pochodzące z ciał niebiańskich będą różne, więc ludzie będą pożyczać szaty, aby udać się do innego miejsca. Dlatego, aby wziąć udział w nabożeństwie w Nowym Jeruzalem, któe jest pełne światła chwały, ludzie będą musieli pożyczyć odpowiednie ubranie.

Ponadto, tak jak teraz możemy oglądać nabożeństwa w innych miejscach świata przez satelitę, tak samo będziemy mogli uczynić w niebie. Będziemy mogli obejrzeć lub wziąć udział w nabożeństwie w Nowym Jeruzalem z innego miejsca w niebie, jednak ekran w niebie będzie tak prawdzwy i naturalny, że nie odczujemy, że oglądamy nabożeństwo na ekranie.

Będziemy mogli zaprosić ojców wiary, takich jak Mojżesz czy Paweł, aby wspólnie uwielbić Boga. Jednak, aby zaprosić takie zacne osoby, będziemy musieli mieć odpowiednią władzę duchową.

Nauczanie nowych i głębokich tajemnic

Dzieci Boże uczą się wielu rzeczy na ziemi, jednak to tylko cząstka tego, czego nauczą się w niebie. Kiedy wejdą do nieba, nauczą się o nowym świecie.

Na przykład, kiedy ludzie wierzący umierają, z wyjątkiem tych, którzy idą do Nowego Jeruzalem, pozostają na krawędzi raju, uczą się etykiety oraz zasad nieba od aniołów.

Tak, jak na ziemi ludzie muszą się uczyć, aby dopasować się do środowiska, w którym dorastają, aby żyć w nowym świecie duchowej rzeczywistości, musisz dokładnie się wszystkiego nauczyć.

Niektórzy mogą się zastanawiać, dlaczego nadal muszą uczyć się w niebie, kiedy tak wiele nauczyli się już na ziemi. Nauka na ziemi jest procesem szkoleniowym, natomiast prawdziwa nauka rozpocznie się dopiero w niebie.

Ponadto, nauka nie ma końca, ponieważ królestwo Boże nie ma końca i trwa na wieki. Bez względu na to, ile się nauczysz, nie nauczysz się wszystkiego o Bogu, który istniał wcześniej niż wszystko inne. Nigdy w pełni nie poznasz Boga, który jest wieczny, któy ma władzę na wszechświatem i wszystkim wokół, i będzie istniał na wieki.

Dlatego, musisz sobie uświadomić, że jest niezliczona liczba rzeczy, których musimy się nauczyć, kiedy dostaniemy się do duchowej rzeczywistości. Nauka będzie bardzo ciekawa i zabawna w przeciwieństwie do nauki na tym świecie.

Co wicek, nauka nie jest obowiązkowa, ani nikt nie będzie sprawdzał twoich wyników. Nie będziesz zapominał tego, co się nauczysz. Nigdy nie będziesz zmęczony ani przeciążony. Nie znudzisz się ani nie będziesz czuł bezczynny. Będziesz niezwykle szczęśliwy, mogąc nauczyć się tylu cudownych rzeczy.

Przyjęcia, bankiety i występy

W niebie będą przyjęcia, bankiety oraz występy. Przyjęcia będą szczytem przyjemności w niebie. Będziemy czerpać przyjemność patrząc na bogactwo, wolność, piękno i chwałę królestwa.

Ludzie na ziemi stroją się, kiedy wychodzą na przyjęcie, jedzą, piją i cieszą się tym, co najlepsze. Na przyjęciach ludzie pięknie tańczą, śpiewają oraz śmieją się, dzieląc się swoim szczęściem.

Ponadto, w niebie będą miejsca takie jak Carnegie Hall w Nowym Jorku lub Opera w Sydney w Australii, gdzie będzie można obejrzeć różne występy. Artyści nie będą próbowali uwielbić siebie, lecz wywyższyć Boga, dać radość i szczęście Panu oraz dzielić się tym z innymi.

Artyści będą uwielbiać Boga śpiewem, tańcem, grą na instrumentach. Czasami będą to te same utwory czy występy, któe wykonywali na ziemi. Ci, którzy chcieli uwielbić Boga na ziemi, a nie mogli tego zrobić, mogą Go uwielbić nowymi pieśniami i tańcem w niebie.

Co więcej, w niebie będą teatry, w których będziemy mogli obejrzeć filmy. W pierwszym lub drugim królestwie, ludzie będą oglądać filmy w teatrach publicznych. W trzecim królestwi oraz w Nowym Jeruzalem, każdy mieszkaniec będzie miał swoje kino w domu. Ludzie będą mogli oglądać filmy sami lub zaprosić swoich ukochanych, aby obejrzeć coś wspólnie i zjeść posiłek.

W Biblii opisano, że apostoł Paweł był w trzecim niebie, jednak nie mógł nic powiedzieć na ten tamet (2 Kor. 12,4). Trudno jest umożliwić ludziom zrozumienie nieba, ponieważ nie jest to miejsce znane lub rozumiane przez ludzi. Zamiast tego, łatwo byłoby, aby ludzie źle zinterpretowali to, co wiedzą.

Niebo należy do duchowej rzeczywistości. Jest wiele kwestii, których nie rozumiemy ani nie potrafimy sobie wyobrazić. Niebo jest pełne szczęście i radości, których nigdy nie doświadczylibyśmy na tej ziemi.

Bóg przygotował niebo jako miejsce naszego zamieszkania i poprzez Biblię zachęca nas, abyśmy prowadzili takie życie, aby dostać się do nieba.

Dlatego, modlę się w imieniu Jezusa, abyście przyjęli Pana z radością i posiedli umiejętności konieczne, aby przygotować się jako Jego piękna oblubiennica, kiedy powróci.

Rozdział 6

Raj

1. Piękno i szczęście Raju
2. Jacy ludzie znajdą się w Raju?

*„Jezus mu odpowiedział:
Zaprawdę, powiadam ci:
Dziś ze Mną będziesz w raju."*

- Łukasz 23,43 -

Wszyscy ludzie, którzy wierzą w Jezusa jako swojego osobistego Zbawiciela i których imiona są zapisane w księdze życia, będą cieszyć się życiem wiecznym w niebie. Jak objaśniłem wcześniej, każdy z nas przechodzi pewne etapy wzrostu wiary, a mieszkania, korony oraz nagrody w niebie będą zależały od miary naszej wiary.

Ci, którzych charakter barziej przypomina charakter Jezusa zamieszkają bliżej tronu Boga, a ci, którzy zamieszkają dalej od tronu Boga są mniej podobni do Jezusa.

Raj jest miejscem najbardziej oddalonym od tronu Boga i dociera tam najmniej światła Bożej chwały. Jest to najniższy poziom nieba. Mimo to, jest nieporównywalnie piękny – piękniejszy niż ogród Eden.

W takim razie, jakim miejscem jest Raj i jacy ludzie się tam znajdą?

Piękno i szczęście Raju

Obszar na granicy Raju jest przedsionkiem przed Dniem Sądu Ostatecznego (Apokalipsa 20,11-12). Z wyjątkiem ludzi, którzy już znaleźli się w Nowym Jeruzalem i pomagają Bogu, wszyscy zbawieni znajdą się w przedsionku nieba na granicy Raju.

Raj jest tak duży, że jego obrzeża używane są jako przedsionek nieba dla wielu ludzi. Pomimo, że Raj jest najniższym poziomem nieba, jest pięknym i pełnym szczęścia miejscem w porównaniu do ziemi, która jest miejsce przeklętym przez Boga.

Ponadto, ponieważ Raj jest miejscem, w którym znajdą się zbawieni, jest tam więcej szczęścia i radości niż w Ogrodzie Eden, gdzie żył pierwszy człowiek.

Spójrzmy na piękno i szczęście Raju, który odkrył przed nami Bóg.

Szerokie równiny pełne pięknych zwierząt i roślin

Raj jest niczym szeroka równina. Jest tam wiele pięknych altan i ogrodów, o które dbają aniołowie. Śpiew ptaków jest tak czysty i piękny, że jego echo roznosi się po całym Raju. Ptaki są podobne do ptaków na ziemi, jednak są większe i mają więcej piór. Ich śpiew jest cudowny.

Drzewa i kwiaty w ogrodach są świeże i piękne. Drzewa są wiecznie zielone, a kwiaty nigdy nie więdną. Kiedy ludzie podchodzą, kwiaty uśmiechają się i uwalniają niezwykły zapach.

Drzewa wydają wiele rodzajów owoców. Są one większe niż owoce na ziemi. Ich skórka jest lśniąca i wyglądają smakowicie. Nie trzeba ich obierać ze skóry, ponieważ nie są zakurzone ani robaczywe. Jakże piękny widok będą stanowić ludzi, którzy siedzą na równinie i rozmawiają, a między nimi lężą kosze pełne smakowitych i soczystych owoców?

Na równinach będzie wiele zwierząt. Wśród nich będą lwy, które w spokoju będą żywić się trawą. Pomimo swej wielkości, lwy nie będą agresywne, lecz delikatne. Ich sierść będzie lśniąca i czysta.

Rzeka wody życia spokojne przepływa przez Raj

Rzeka wody życia płynie przez niebo, od Nowego Jeruzalem do Raju, nigdy nie wysycha ani nie jest zanieczyszczona. Woda wypływa spod tronu Boga i odświeża wszystko wokół, reprezentując Boga. Jego umysł jest czysty i piękny, nieskazitelny i nie ma w nim ciemności. Serce Boże jest doskonałe i pełne miłości.

Rzeka wody życia płynie spokojnie, a światło odbija się w jej falach. Jest czystsza niż jakakolwiek woda na tej ziemi. Z oddali wygląda na niebieską, jak głebokie błękitne morze Śródziemne lub Ocean Atlantycki.

Po obu stronach rzeki są drogi, a wzdłuż nich stoją łąwki. Wokół nich rosną drzewa życia, które wydają owoce w każdym miesiącu. Owoce drzewa życia są większe niż owoce na ziemi, pachną i smakują tak smakowicie, że nie da się ich opisać. Rozpływają się w ustach jak cukierki.

Nikt nie będzie miał własnej ziemi

W niebie mężczyźni mają włosy sięgające do linii szyi. Długość włosów kobiety oznacza ilość przyznanych jej nagród. Najdłuższe włosy mogą sięgać do talii. Ludzie w Raju nie otrzymają jednak nagrody, więc długość włosów kobiet jest podobna do długości włosów mężczyzn.

Noszą białe szaty, jednak nie maja żadnych ozdób na ubraniu ani we włosach, ponieważ nie uczynili nic dla królestwa Bożego, kiedy żyli na ziemi.

W Raju ludzie nie otrzymują ani nagród, ani mieszkań, koron czy ozdób. Aniołowie również nie służą im. Raj jest miejsce, w którym ludzie po prostu mieszkają i służą sobie nawzajem.

W Ogrodzie Eden jest podobnie i nie każdy mieszkaniec ma swój dom, jednak istnieje zasadnicza różnica międzytymi dwoma miejscami. Ludzie w Raju mogą nazywać Boga „Abba Ojciec," ponieważ przyjęli Jezusa i Ducha Świętego, dlatego czują się sczęśliwi i to szczęście nie może być porównane ze szczęściem w Ogrodzie Eden.

Dlatego, jest to niezwykły, błogosławieństwem i skarbem, aby urodzić się na tym świecie, doświadczyć zła i dobra, stać się prawdziwym dzieckiem Boga i mieć wiarę.

Raj będzie pełny szczęścia i radości

Nawet życie w Raju jest pełne szczęścia i radości, ponieważ nie ma zła i nikt nie szuka własnej korzyści.

Nikt nikogo nie krzywdzi. Ludzie służą sobie z miłości. Jakże cudowne życie!

Co więcek, nikt nie musi martwić się o mieszkanie, ubranie, jedzenie. Nie ma tam łez, smutku, chorób, bólu i śmierci – a to jest szczęściem samym w sobie.

„I otrze z ich oczu wszelką łzę, a śmierci już odtąd nie będzie. Ani żałoby, ni krzyku, ni trudu już /odtąd/ nie będzie, bo pierwsze rzeczy przeminęły" (Apokalipsa 21,4).

Wśród ludzi w Raju istnieje pewna hierarchia, podobnie jak wśród aniołów – reprezentanci i reprezentowani. Ponieważ nasze uczynki wiary różnią się, ci o silniejszej wierze są reprezentantami, aby dbać o miejsce i ludzi.

Ci ludzie noszą inne ubrania niż pozostali i mają pierszeństwo w każdej kwestii. Nie ma niesprawiedliwości, jednak Bóg oddaje wszystkim według ich uczynków.

W niebie nie ma zazdrości, więc ludzie nie odczuwają nienawiści, nie obrażają się, kiedy innym dzieje się lepiej. Ludzie są szczęśliwi, kiedy widzą, że inni otrzymują dobre rzeczy.

Raj jest nieporównywalnie piękniejszym i szczęśliwszym miejscem niż ziemia.

Jacy ludzie znajdą się w Raju?

Raj jest pięknym miejscem, przygotowanym przez Boga w miłości i łasce. Jest to miejsce dla ludzi, którzy nie mogą zostać w pełni nazwani dziećmi Bożymi, jednak znali Boga i uwierzyli w Jezusa, dlatego nie mogą znaleźć się w piekle. Jacy ludzie znajdą się w Raju?

Skrucha przed śmiercią

Po pierwsze, Raj jest miejsce dla ludzi, którzy skruszyli się zaraz przed śmiercią i przyjęli Jezusa, aby być zbawionymi, tak jak łotr, który wisiał na krzyżu obok Jezusa. Kiedy czytasz Ewangelię Łukasza od 23,39, odnajdziesz opis dwóch łotrów ukrzyżowanych po obu stronach Jezusa. Jeden z nich obrażał Go, jednak drugi ukorzył się, żałował za grzech i przyjął Jezusa jako Zbawiciela. Jezus obiecał mu zbawienie, mówiąc: „Zaprawdę, powiadam ci: Dziś ze Mną będziesz w raju." Łotr przyjął Jezusa jako Zbawiciela. Nie odciął się od grzechu ani nie prowadził życia zgodnie ze słowem Bożym, jednak ponieważ przyjął Jezusa przed śmiercią, nie miał czasu, aby nauczyć się słowa Bożego i prowadzić życie zgodnie w nim.

Raj jest miejscem dla ludzi, którzy przyjęli Jezusa, jednak nie zrobili nic dla królestwa Bożego tak, jak łotr opisany w Ewangelii Łukasza 23.

Jednak jeśli myślisz, że przyjmiesz Jezusa zaraz przed śmiercią i znajdziej się w pieknym Raju pełnym szczęścia, to zdecydowanie nie jest to dobry pomysł. Bóg przyjął łotra, ponieważ wiedział, że ma dobre srce i dał mu szansę nawrócenia.

Jednak nie każdy może przyąć Jezusa przed śmiercią. Wiary nie zyskuje się od razu. Dlatego, musisz sobie uświadomić, że przypadek łotra, który zykał zbawienie przed śmiercią, jest rzadki.

Tacy ludzie nadal mają zło w swoim sercu, ponieważ żyli tak, jak chcieli. Będą wdzięczni Bogu za to, że przyjął ich do Raju i będą cieszyć się wiecznym życiem dzięki temu, że przyjęli Jezusa jako Zbawiciela, pomimo tego, że nie prowadzili życia wiary na ziemi.

Raj jest inny niż Nowe Jeruzalem, gdzie znajduje się tron Boży, jednak to, że zostali zbawieni i nie są w piekle, wywołuje wdzięczność i czyni ich szczęśliwymi.

Brak wzrostu wiary duchowej

Po drugie, nawet jeżeli ludzie przyjli Jezusa i mieli wiarę, zostaną zbawieni i pójdą do Raju, jeżeli ich wiara nie wzrastała. Nie tylko osoby, które ledwie uwirzyły, ale również ludzie, których wiara wciąż pozostawała na tym samym poziomie znajdą się w Raju.

Bóg pozwolił mi kiedy wysłuchać wyznanie pewnego wierzącego, którzy wierzył przez długi czas i obecnie przebywa w przedsionku nieba na granicy Raju.

Urodził się w rodzinie, która nie wierzyła w Boga i uwielbiała bożków. Zaczął prowadzić życie chreścijańskie jako dorosły człowiek. Ponieważ nie miał prawdziwej wiary, żył w grzechu i stracił wzrok w jednym oku. Uświadomił sobie, czym jest prawdziwa wiara, kiedy przeczytał moją książkę pt. *„Tasting Eternal Life Before Death,"* zaczął chodzić do kościoła i poszedł do nieba, ponieważ prowadził życie chrześcijańskie.

Słyszałem jego wyznanie pełne radości z powodu zbawienia, ponieważ poszedł do Raju po tym, jak cierpiał smutek, ból i choroby podczas swojego życia na ziemi.

„Jestem wolny i szczęsliwy, że znalazłem się tutaj. Nie wiem, dlaczego tak mocno trzymałem się tego, co ziemskie. To wszystko nie miało znaczenia. Ziemskie rzeczy są bez znaczenie i bez pożytku, kiedy znalazłem się tutaj, pozbywając się ziemskiego ciała.

Podczas mojego życia na ziemi, były chwile radości i wdzęczności, rozczarowania i rozpaczy. Tutaj, kiedy patrzę na siebie, przypominam sobie o tym, jak za wszelką cenę starałem się zachować ziemskie rzeczy i prowadziłem życie bez celu. Mojej duszy czegoś brakowało. A teraz jestem w wygodnym miejscu zbawiony i to daje mi niezwykłą radość.

Jest mi tutaj bardzo wygodnie. Nie mam już

ziemskiego ciała i cieszę się spokojnym życiem, ponieważ życie na ziemi było bardzo męczące. Nie wiedziałem, że będzie to takie cudowne uczucie. Mam teraz tyle pokoju i radości, że mogę przebywać w tym miejscu.

Nie widziałem, nie mogłem chodzić i robić wielu rzeczy było dla mnie dużym wyzwaniem, jednak teraz jestem wdzęczny i szczęśliwy, ponieważ otrzymałem życie wieczne i mogę być tutaj, dzięki temu.

Nie jestem w pierwszym, drugim, czy trzecim królestwie ani w Nowym Jeruzalem. Jestem w Raju, jednak jestem bardzo szczęśliwy i wdzięczny, że mogę tutaj być.

Moja dusza jest zadowolona.
Moja dusza chwali Pana.
Moja dusza jest szczęśliwa.
Moja dusza jest wdzięczna.

Jestem radosny i wdzięczny, ponieważ zakończyłem swoje nędzne życie i mogę prowadzić życie w wygodzie."

Podupadanie w wierze spowodowane próbami

W końcu, w niebie znajdą się ludzie, którzy byli wierni, jednak stopniowo stali się letni w swojej wierze z welu powodów i ledwie udało im się zyskać zbawienie.

Człowiek, który pełnił funkcję starszego w moim kościele wiernie służył podczas wielu działań w kościele. Na zewnątrz jego wiara wydawała się wielka, jednak pewnego dnia poważnie zachorował. Nie dał rady mówić i przyszedł do mnie z prośbą o modlitwę. Zamiast modlić się o jego wyzdrowienie, modliłem się o jego zbawienie. Jego dusza cierpiała ze strachu przed walką między aniołami, które chciały wziąć go do nieba i złymi duchami, który chciały zabrać go do piekła. Gdyby miał dość wiary, aby być zbawionym, złe duchy nie przyszłyby po niego. Więc natychmiast modliłem się, aby złe duchy odeszły oraz aby Bóg przyjął go ponownie. Po zakończeniu modlitwy, odzyskał spokój i zaczął płakać. Skruszył się zaraz przed śmiercią i ledwie zdobył zbawienie.

Podobnie, nawet jeżeli otrzymałeś Ducha Świętego i zostałeś diakonem albo starszym kościoła, byłoby wstydem w oczach Bożych, gdybyś żył w grzechu. Jeżeli nie przestaniemy żyć w letniości naszego życia duchowego, Duch Święty stopniowo odejdzie i nie zostaniemy zbawieni.

„Znam twoje czyny, że ani zimny, ani gorący nie jesteś. Obyś był zimny albo gorący! A tak, skoro jesteś letni i ani gorący, ani zimny, chcę cię wyrzucić z mych ust" (Apokalipsa 3,15-16).

Dlatego, musimy sobie uświadomić, że Raj jest raczej wstydliwym zbawienie i być bardziej entyzjastyczni oraz aktywni w kwestii naszej wiary.

Ten mężczyzna wyzdrowiał dzięki modlitwie i nawet jego żona wróciła do życia w wierze dzięki modlitwie. Dzięki słuchaniu słowa życia, jego rodzina, która miała wiele problemów, stała się szczęśliwą rodziną. Od tamtej pory, dojrzał w wierze i stał się pracownikiem Boga dzięki swoim wysiłkom oraz wierze.

Jednak, kiedy kościół stawiał czoła próbie, nie bronił ani nie ochraniał kościoła, a dopuścił do siebie szatana, który zaczął kontrolować jego myśli. Słowa, które wychodziły z jego ust zbudowały ścianę grzechu między nim i Bogiem. Bóg zabrał od niego swoją ochronę i mężczyzna poważnie zachorował.

Jako pracownik Boży, nie powinien patrzeć i słuchać wszystkiego, co było przeciwne prawdzie i woli Boga, a zamiast tego, chciał słuchać tych rzeczy i rozpowiadać je. Bóg musiał odwrócić swoją twarz od niego, ponieważ on odwrócił się od cudownej łaski Boga, dzięki której mół być uzdrowiony.

Dlatego, jego nagrody w niebie zostały odebrane i nie miał siły na modlitwę. Jego wiara podupadła i człowiek ten doszedł do momentu w swoim życiu, że nie był nawet pewny zbawienia. Na szczęście, Bóg pamiętał o jego służbie dla kościoła w przeszłości, więc człowiek ten został zbawiony, ponieważ Bóg udzielił mu łaski, aby ukorzył się za swoje grzechy.

Wdzięczność za zbawienie

Jakie było wyznanie tego człowieka, kiedy został zbawiony i znalazł się w Raju? Ponieważ został zbawiony na rozstaju między niebem i piekłem, słyszałem jego wyznanie:

> „Zostałem zbawiony. Mimo tego, że jestem w Raju, jestem zadowolony, ponieważ zostałem uwolniony od strachu i ciężarów życia. Móg duch, który mógł zejść do ciemności, znalazł się z pięknej światłości."

Jakże wielka musiała być jego radość, kiedy uwolnił się od lęku przed piekłem! Ponieważ został zbawiony w taki sposób jako starszy kościoła, Bóg pozwolił mi usłyszeć jego modlitwę skruchy, kiedy znajdował się w wyższym grobie zanim znalazł się w przedsionku Raju. Żałował za swoje grzechy i dziękował za modlitwę. Przyrzekł, że będzie się nieustannie modlił za kościół oraz za mnie aż do momentu aż ponownie spotkamy się w niebie.

Od początku istnienia rodzaju ludzkiego na ziemi, liczba ludzi, którzy mogą wejść do Raju była wyższa niż cała liczba ludzi, którzy mogą wejść do wszystkich innych części nieba ogółem.

Ci, którzy ledwie zyskują zbawienie i wchodzą do Raju są wdzięczni i szczęśliwi, że mogą cieszyć się błogosławieństwami Raju, ponieważ nie idą do piekła, pomimo, że nie prowadzili odpowiedniego życia chrześcijańskiego na ziemi.

Jednakże, szczęście Raju nie może być porównywane ze szczęściem Nowego Jeruzalem. Jest to szczęście na zupełnie innym poziomie – na poziomie pierwszego królestwa niebieskiego. Dlatego, musimy sobie uświadomić, że dla Boga lata wiary nie są najważniejsze, ale twój wewnętrzny stosunek do Boga i zachowywanie się zgodnie z Jego wolą.

W disiejszych czasach, wielu ludzi pobłaża sobie i żyje w grzechu, twierdząc, że otrzymali Ducha Świętego. Ci ludzie ledwie otrzymają zbawienie i pójdą do Raju, lub nawet zejdą do krainy śmierci, ponieważ nie będą mieli Ducha Świętego.

Niektórzy wierzący stają się aroganccy, słychając i ucząc się

Słowa Bożego, osądzają i potępiają innych wierzących, którzy przez wiele lat prowadzili życie chrześcijańskie. Be względu na to, jak entyzjastyczni i wierni są w kwestii służby Bogu, nie ma to znaczenia, jeżeli nie są świadomi swojego zła i nie odrzucą grzechu ze swojego serca.

Dlatego, modlę się w imieniu Jezusa, abyś ty, dziecko Boże, które otrzymało Ducha Świętego, odrzuciło grzech i wszelkie zło, aby żyć zgodnie ze słowem Bożym.

Rozdział 7

Pierwsze Królestwo Niebieskie

1. Jego piękno i szczęście przewyższa Raj
2. Jacy ludzie znajdą się w królestwie niebieskim?

*„Każdy, który staje do zapasów,
wszystkiego sobie odmawia;
oni, aby zdobyć przemijającą nagrodę,
my zaś nieprzemijającą."*
- 1 Koryntian 9,25 -

Raj jest miejscem dla tych, którzy przyjęli Jezusa, jednak nie robili wszystkiego z wiarą. Jest to miejsce piękniejsze i szczęślisze niż ziemia. W takim razie o ileż piękniejsze musi być pierwsze królestwo niebieskie, miejsce, do którego trafią jedynie ci, którzy w pełni żyli zgodnie ze słowem Bożym?

Pierwsze królestwo niebieskie jest bliżej tronu Boga niż Raj, jednak w niebie jest wiele lepszych miejsc. Ci, którzy wejdą do pierwszego królestwa niebieskiego będą zadowoleni z tego, co otrzymali i będą czuli się szczęśliwi. To tak, jak złota rybka jest zadowolona, kiedy jest w akwarium i nie pragnie niczego więcej.

Spójrzmy dokładnie, jakim miejscem jest pierwsze królestwo niebieskie, które znajduje się o jeden poziom wyżej niż Raj oraz jacy ludzie tam się znajdą.

Jego piękno i szczęście przewyższa Raj

Ponieważ Raj jest miejscem dla ludzi, którzy niczego nie zrobili ze swoją wiarą, ci, który się tam znajdą nie otrzymają żądnych nagród. Dopiero w pierwszym królestwie ludzie otrzymają swoją nagrodę.

W pierwszym królestwie, każdy żyje w swoim własnym mieszkaniu lub domu i otrzymuje koronę, która trwa na wieki. Otrzymanie własnego domu w niebie jest niezwykle chwalebne, więc każdy mieszkaniec pierwszego królestwa odczuwa szczęście, które jest nieporównywalne ze szczęściem Raju.

Niebo I

Domy pięknie ozdobione

Prywatne domy w pierwszym królestwie nie są osobnymi budynkami, lecz raczje przypominają mieszkania lub apartamenty. Jednak, nie są zbudowane z cementu lub cegły, lecz z pięknym niebiańskich materiałów, złota i drogich kamieni.

Te budynki nie mają klatek schodowych, lecz wspaniałe windy. Na ziemi trzeba nacisnąć guzik, żeby winda zawiozła cię na odpowiednie piętro, natomiast w niebie wystarczy, że o tym pomyślisz.

Są ludzie, którzy skłądają świadectwo, że byli w niebie i mówią, że widzieli w niebie apartementy. Oznacza to, że byli w pierwszym królestwie. Domy w królestwie niebieskim będą miały wszystko, co jest potrzebne do życia.

Dla tych, którzy kochaja muzykę, będą tam instrumenty muzyczne. Książki, dla osób, które kochają czytać. Każdy będzie miał przestrzeń dla siebie, gdzie może odpocząć i czuć się wygodnie.

W ten sposób, otoczenie pierwszego królestwa przygotowane jest zgodni z preferencjami jego mieszkańców, więc jest piękniejsze i przyjemniejsze niż Raj, pełne radości i wygody, których nigdy nie doświadczyłbyś na tej ziemi.

Ogrody, jeziora, baseny, itp

Ponieważ domy w pierwszym królestwie nie są od siebie oddzielone, wokół nich znajdują się publiczne ogrody, jeziora, baseny i pola golfowe. Będzit o wyglądało tak samo, jak na ziemi, gdzie ludzie mieszkają w apartamentach i mają wspólne ogrody, pola tenisowe czy baseny.

Budynki nigdy nie ulegają uszkodzeniu, a aniołowie utrzymują je w najlepszym stanie. Aniołowie pomagają ludziom korzystać z budynków w taki sposób, aby nie było żadnych kłopotów, pomimo że są to budynki publiczne.

Aniołowie nie służą ludziom w Raju, natomiast w pierwszym królestwie aniołowie pomagają jego mieszkańcom, którzy dzięki temu mogą odczuwać niezwykłe scęście. Aniołowie dbają o ludzi, pomimo tego, że nie są przypisani do konkretnych osób. Na przykład, jeżeli masz ochotę na jakiś owoc, kiedy siedzisz na złotej ławce przy brzegu rzeki wody życia i rozmawiasz ze swoimi ukochanymi, aniołowie przyniosą ci owoce. Aniołowie pomagają dzieciom Bożym, dlatego w pierwszym królestwie jest tyle radości i szczęścia.

Pierwsze królestwo niebieskie jest lepsze niż Raj

Nawet kolory i zapachy kwiatów, miękkość futra zwierząt są inne niż w Raju. Bóg przygotował wszystko zgodnie z poziomem wiary mieszkańców danego miejsca.

Na ziemi ludzie również mają różne standardy piękna. Przykłądowo, specjaliści kwiatowi będą osądzać piękno kwiatu w oparciu o swoje kryteria. W niebie, zapach kwiatów w każdym miejscu nieba jest różny. Każdy kwiat będzie miał swój wyjątkowy zapach.

Bóg przygotował kwiaty w taki sposób, że mieszkańcy pierwszego królestwa będą szczęśliwi nawet wąchając kwiaty. Również owoce mają inne smaki w różnych miejscach nieba. Bóg zaplanował różne kolory i smaki zgodnie odpowiednio do danego miejsca zamieszkania w niebie.

W jaki sposób przygotowujesz się, kiedy ma przybyć ważny gość? Próbujesz przygotwać potrawy tak, aby dostosować je do smaku gościa, aby go zadowolić.

Podobnie, Bóg pomyślał o wszystkim dla swoich dzieci, aby były zadowolone pod każdym względem.

Jacy ludzie znajdą się w królestwie niebieskim?

Raj jest częścią nieba dla ludzie, którzy są początkujący w wierze, zbawieni dzięki wierze w Jezusa, jednak którzy nie zrobili nic dla królestwa Bożego. W takim razie, jacy ludzie znajdą się w pierwszym królestwie i będą cieszyć się życiem wiecznym?

Ludzie, którzy próbują postępować zgodnie z wolą Bożą

Pierwsze królestwo niebieskie jest miejsce dla ludzi, któzy przyjęli Jezusa i próbowali żyć zgodnie z Jego słowem. Ludzie,którzy dopiero przyjęli Jezusa przychodzą do kościoła w niedzielę i słuchają słowa Bożego, jednak nie wiedzą, czym naprawdę jest grzech, dlaczego mają się modlić i odrzucić swoje grzechy. Ludzie, któych wiara jest początkująca doświadczyli radości i pierwszej miłości dzięki narodzeniu się z wody i z Ducha, jednak nie są świadomi grzechu i nie pozbyli się do zupełnie.

Kiedy wchodzimy na kolejny poziom wiary, uświadamaiamy sobie, czym jest grzech i sprawiedliwość dzięki Duchowi

Świętemu. Próbujemy żyć zgodnie ze słowem Bożym, jednak nie jesteśmy w stanie zrobić tego od razu. Podobnie jak dziecko, kiedy uczy się chodzić: wstaje i przewraca się.

Pierwsze królestwo jest miejscem dla takich ludzi, którzy próbowali żyć zgodnie ze słowem Bożym i ich korona będzie trwała na wieki. Tak, jak sportowcy muszą postępować zgodnie z regułami gry (2 Tym. 2,5-6), dzieci Boże muszą stoczyć dobry bój wiary zgodnie z prawdą. Jeżeli ignorujemy zasady duchowej rzeczywistości, nasza wiara jest martwa. Nie znajdziemy się w niebie i nie otrzymamy korony.

Mieszkańcy pierwszego królestwa otrzymają koronę, ponieważ próbowali żyć zgodnie ze słowem Bożym, pomimo, że ich uczynki nie były wystarczające. Jednak ponieważ nie żyli w pełni zgodnie ze słowem Bożym, będzie to haniebne zbawienie.

Haniebne zbawienie

Czy jest wstydliwe zbawienie? W 1 Koryntian 3,12-15 czytamy, że praca ludzka może przetrwać lub spalić się.

I tak jak ktoś na tym fundamencie buduje: ze złota, ze srebra, z drogich kamieni, z drzewa, z trawy lub ze słomy, tak też jawne się stanie dzieło każdego: odsłoni je dzień /Pański/; okaże się bowiem w ogniu, który je wypróbuje, jakie jest. Ten, którego dzieło wzniesione na fundamencie przetrwa, otrzyma zapłatę; ten zaś, którego dzieło spłonie, poniesie szkodę: sam wprawdzie ocaleje, lecz tak jakby przez ogień.

„Fundament" odnosi się do Jezusa oraz oznacza, że cokolwiek zbudujemy na tym fundamencie, zostanie sprawdzone w próbie ognia.

Z jednej strony, praca ludzi, których wiara jest jak złoto, srebro czy drogie kamienie przetrwa próby ognia, ponieważ ci ludzie postępują zgodnie ze łowem Bożym. Z drugiej strony, praca ludzi, których wiara jest jak drewno, siano lub polne kwiaty zostanie spalona w czasie prób, ponieważ ci ludzie nie zachowywali się zgodnie z prawem Bożym.

Dlatego, aby określić tutaj poziom wiary, musimy spojrzeć na złoto jako poziom piąty (najwyższy), srebro jako poziom czwarty, drogie kamienie jako poziom trzeci, drewno jako poziom drugi, a kwiaty polne jako poziom pierwszy (najniższy). Drewno i kiwaty polne mają życie. Wiara jak drewno oznacza, że dany człowiek ma wiarę, jednak jego wiara jest słaba. Siano jest suche i nie ma życia, więc odnosi się do ludzi, którzy nie mają wiary.

Dlatego, ci, którzy nie mają wiary nie otrzymają zbawienia. Drewno i polne kwiaty zostaną wypalone w próbach ognia, jednak otrzymają haniebne zbawienie. Bóg uzna naszą wiarę za złoto, srebro lub drogie kamienie, jednak nie uzna wiary podobnej do drewna i polnych kwiatów.

Wiara bez uczynków martwa jest

Niekótrzy uważają, że skoro byli chrześciajanami przez długi czas, należy im się chociaż miejsce w pierwszym królestwie, Jednak jeżeli twoja wiara jest prawdziwa, z pewnością będziesz prowadził życie zgodne ze słowem Bożym. Tym samym, jeżeli złamiesz prawo i nie odrzucisz swoich grzechów, pierwsze królestwo, a może nawet Raj będą poza twoim zasięgiem.

Biblia stawia pytanie z Liście Jakuba 2,14: *„Jaki z tego pożytek, bracia moi, skoro ktoś będzie utrzymywał, że wierzy, a nie będzie spełniał uczynków? Czy /sama/ wiara zdoła go zbawić?"* Bez uczynków, człowiek nie może być zbawiony. Wiara bez uczynków jest martwa. Tak więc ludzie, którzy nie walczą z grzechem, nie zostaną zbawieni, ponieważ tak jak człowiek, który monetę schował ja (Łuk. 19, 20-26).

Moneta oznacza Ducha Świętego. Bóg daje nam Ducha Świętego jako dar dla tych, którzy otworzą swoje serce i przyjmą Jezusa jako swojego Zbawiciela. Duch Święty pomaga nam uświadomić sobie nasze grzechy, sprawiedliwość, sąd, oraz pomaga osiągnąć zbawienie i iść do nieba.

Z jednej strony, jeżeli mówisz, że wierzysz w Boga, a nie oczyścisz swojego serca, postępując zgodnie z tym, co mówi ci Duch Święty, Duch Święty nie pozostanie w twoim sercu. Z drugiej strony, jeżeli odrzucisz grzech i będziesz postępował zgodnie ze słowem Bożym dzięki pomocy Ducha Świętego, prawda zmieni cię na podobieństwo Jezusa.

Dlatego, dzieci Boże, które otrzymały Ducha Świętego jako dar powinny uświęcić swoje serca i wydawać owoce Ducha Świętego, aby zyskać zbawienie.

Fizycznie wierni, jednak nie oczyszczeni duchowo

Bóg pokazał mi kiedyś człowieka, który zmarł i poszedł do pierwszego królestwa. Pokazał mi też istotę wiary, której towarzyszą czyny. Człowiek ten pracował w dziele finansowym kościoła przez 18 lat. Nigdy nie oszukiwał. Był wierny w swojej pracy dla Boga i został wybrany na starszego. Chciał wydawać owoce Ducha i przynosić chwałę Bogu, często zadawał sobie pytanie: „Co mogę jeszcze zrobić, aby zasłużyć na zbawienie bardziej?"

Jednak nie odnosił większych sukcesów, ponieważ nie podążał dobrą ścieżką ze względu na swoje cielesne pragnienia, a jego serca szukało własnych korzyści. Ponadto, jego wypowiedzi były nieszczere, denerwował się na ludzi i nie był posłuszny słowu Bożemu.

Innymi słowy, ponieważ był wierny w swoich uczynkach, jednak nie oczyścił swojego serca – a to jest najważniejsze – pozostał na drugim poziomie wiary. Co więcej, gdyby jego finansowe i osobiste problemu nasilały się, nie zachowałby wiary i poszedłby na kompromis.

Ponieważ jego wiara by podupadała, nie dostałby się do Raju, więc Bóg powołał go w odpowiednim czasie.

Dzięki duchowej komunikacji po śmierci, ten człowiek wyraził swoją wdzięczność i żałował za swoje grzechy. Żałował, że zranił pastorów, ponieważ nie podążał za prawdą, spowodował upadki innych, obrażał innych i nie postępował zgodnie ze słowem Bożym, którego regularnie słuchał. Powiedział też, że zawsze odczuwał presję, ponieważ nie żałował za swoje winy, kiedy był na ziemi, jednak teraz był szczęśliwy, ponieważ mógł wyznać swoje błędy.

Ponadto, był wdzięczny za to, że jako starszy nie znalazł się w niebie. Było dla niego hańbą, że znalazł się w pierwszym królestwie, jednak czuł się świetnie, ponieważ pierwsze królestwo jest lepsze niż Raj.

Dlatego, powinniśmy sobie uświadomić, że najważniejszą kwestią jest oczyszczenie swojego serca a nie wierność w zachowaniu oraz tytuły.

Bóg prowadzi swoje dzieci do lepszego nieba przez próby

Aby sportowiec zwyciężył w zawodach, musi ćwiczyć przez wiele godzin. Aby znaleźć się w lepszym miejscu w niebie, musimy przejść przez próby. Bóg dopuszcz póby na swoje dzieci, aby poprowadzić je do lepszego miejsca w niebie. Próby można podzielić na trzy kategorie.

Po pierwsze, są próby, które mają na celu odsunięcie grzechu. Aby stać się prawdziwym dzieckiem Boga, musimy walczyć z grzechem i całkowicie odciąć się od grzechu. Bóg czasami kara swoje dzieci, ponieważ nie odcięły się od grzechu (Herb. 12,6). Tak, jak rodzice karzą swoje dzieci, aby prowadzić je dobrą drogą, tak Bó czasami dopuszcza próby na swoje dzieci, aby je udoskonalić.

Po drugie, są próby, które mają uczynić naczynie doskonałym i przynieść błogosławieństwa. Dawid, jako młody chłopak, ocalił owcę, zabijając niedźwiedzia lub lwa, który atakował jego stado. Miał tak wielką wiarę, że za pomocą procy i kamienia zabił nawet Goliata, którego bał się cały Izrael. Dawid polegał na Bogu. Jednak i on musiał stawiać czoła próbom, na przykład kiedy ścigał go król Saul, ponieważ Bóg dopuszczał próby, aby uczynić z Dawida idealne naczynie i wielkiego króla.

Po trzecie, są próby, które mają na celu położenie kresu bezczynności, ponieważ kiedy ludzie są z dala od Boga, mogą mieć spokój. Na przykład, jest wielu ludzi, którzy wierzą w królestwo Boże i otrzymują finansowe błogosławieństwa. Jednak przestają się modlić i ich wiara w Boga słabnie. Jeżeli Bó pozostawi ich samych sobie, mogą wpaść w sidła śmierci. Tak więc dopuszcza na nich próby, aby oczyścić ich umysł.

Musimy odciąć się od grzechu, postępować sprawieldiwie i być odpowiednim naczyciem w ręku Boga, naszego garncarza. Musimy uświadomić sobie, że to Bóg dopuszcza nas nas próby. Mam nadzieję, że w pełni skorzystasz z cudownych błogosławieństw Bożych, które Bóg dla ciebie przygotował.

Niektórzy twierdzą, że chcą się zmienić, jednak jest to dla nich za trudne. Jednak prawda jest taka, że nie trudno jest się zmienić, lecz problem polega na braku chęci, aby zdecydować się na zmianę głęboko w swoim sercu.

Jeżeli prawdziwie przyjmiesz Boże słowo i spróbujesz zmienić swoje serce, możesz szybko zauważyć zmianę, ponieważ Bóg daje ci łaskę i siłę, aby to zrobić. Duch Święty pomaga ci osiągnąć cel. Jeżeli tylko znasz słowo Boże, jednak nie postępujesz zgodnie z nim, prawdopodobnie staniesz się dumnym i fałszywym człowiekiem, i trudno będzie ci osiągnąć zbawienie.

Dlatego modlę się w imieniu Jezusa, abyś utracił pasję i radość pierwszej miłości i podążał za pragnieniem Ducha Świętego, aby posiąść lepsze miejsce w niebie.

Rozdział 8

Drugie Królestwo Niebieskie

1. Piękny dom prywatny dla każdego
2. Jacy ludzie znajdą się w drugim królestwie niebieskim?

„Starszych więc, którzy są wśród was, proszę,
ja również starszy, a przy tym świadek Chrystusowych
cierpień oraz uczestnik tej chwały,
która ma się objawić: paście stado Boże, które jest
przy was, strzegąc go nie pod przymusem,
ale z własnej woli, jak Bóg chce; nie ze względu na
niegodziwe zyski, ale z oddaniem;
i nie jak ci, którzy ciemiężą gminy,
ale jako żywe przykłady dla stada.
Kiedy zaś objawi się Najwyższy Pasterz,
otrzymacie niewiędnący wieniec chwały."

- 1 Piotra 5,1-4 -

Z jednej strony bez względu na to, ile słuchasz o niebie, nie będzie to miało znaczenia dopóki nie uświadomisz sobie tego w swoim sercu. Musisz w to wierzyć. Tak jak ptaki wydziobują ziarno, tak szatan zabiera ci słowa o niebie (Mat. 13,19).

Z drugiej strony, kiedy słuszasz słów o niebie i chwytasz je, możesz prowadzić życie wiary i nadziei, wydając owoc większy o 30, 40 lub 100 razy od zasianego ziarna. Ponieważ możesz postępować zgodnie ze słowem Bożym, nie tylko wypełniasz swoje obowiązki, ale również uświęcasz się i wierzysz w dom Boży. Jakim miejscem jest drugie królestwo niebieskie i jacy ludzie tam się znajdą?

Piękny dom prywatny dla każdego

Jak wcześniej wyjaśniłem, ludzie, którzy trafią do Raju lub pierwszego królestwa otrzymują haniebne zbawienie, ponieważ ich praca nie wytrawała próby ognia. Jednak, ci, którzy znajdą się w drugiem królestwie posiadają wiarę, która wytrwa próby ognia i otrzymują nagrody, których nie można porównać do nagród w Raju lub pierwszym królestwie. Nagrody są przyznawane według sprawiedliwości Bożej.

Dlatego, porównując szczęście człowieka, który trafił do pierwszego królestwa do szczęścia złotej rybki w akwarium, możemy porównać szczęście człowieka, który trafił do drugiego królestwa do szczęścia wieloryba w Oceanie Spokojnym.

Spójrzmy na cechy drugiego królestwa, skupiając się na

mieszkaniach oraz na życiu ludzi, którzy tam trafią.

Prywatny dom dla każdego

Domy w pierwszym królestwie są jak apartementy, jednak w drugim królestwie są to osobne budynki. Nie można ich porównać z budynkami na tej ziemi. Są wielkie, piękne i ozdobione kwiatami i drzewami. Jeżeli pójdziesz do drugiego królestwa, otrzymasz nie tylko dom, ale również ulubiony przedmiot. Może to być basen, ozdobiony złotwm i drogimi kamieniami. Może zechcesz mieć własne jezioro lub salę balową. Jeżeli lubisz chodzić na spacery otrzymasz piękną drogę pełną kwiatów i roślin, wśród których będą bawić się zwierzęta. Będziesz mógł wybrać tylko jedną rzecz. Dobra posiadane przez ludzie w drugim królestwie są różne, ponieważ ludzie odwiedzają się i mogą korzystać z tego, co mają.

Jeżeli ktoś ma salę balową, a chciałby popływać, pójdzie odwiedzić sąsiada, który ma basen i spędzi z nim czas. W niebie ludzie będą służyć sobie nazwzajem i nigdy nie będą sobie przeszkadzać ani czuć się odrzuceni. Będą zadowoleni i szczęśliwi. Jeżeli chcesz się czymś cieszyć, idź odwiedzić swojego sąsiada.

Podobnie, drugie królestwo jest lepsze niż pierwsze pod wieloma względami. Jednak nie można go nawet porównać do Nowego Jeruzalem. Nie ma tam aniołów, które służa dzieciom Bożym. Rozmiar, piękno i splendor domów jest inny. Materiały, kolory i jasność drogich kamieni, które zdobią domy również różnią się od siebie.

Pięknie oświetlona tablica z nazwiskiem

Każdy dom w drugim królestwie ma swoją tablicę z nazwiskiem, która wskazuje na właściciela domu. Czasami również na tabliczce znajduje się nazwa kościoła, do którego uczęszczał właściciel. Z tabliczki świeci jasne i piękne światło, a imię właściciela napisane jest pięknymi literami, które wyglądają na język arabski lub hebrajski. Ludzie w drugim królestwie nigdy nie zazdroszczą.

Dlaczego nazwa kościoła ma zostać specjalnie napisana? Bó uczyni to, aby imię właściciela było dumą i chwałą dla członków kościołą, którzy budowali wielkie sankruarium, aby przyjąć Pana przy Jego ponownym przyjściu.

Domy w trzecim królestwie oraz w Nowym Jeruzalem nie będą miały tabliczek, ponieważ właściciela domu będziemy rozpoznawać po pięknym aromacie, który będzie się uwalniał z jego domu.

Smutek spowodowany brakiem całkowitego uświęcenia

Niektórzy zastanawiają się, czy nie będzie to niewygodne, że w Raju nie ma domów prywatnych, a w drugim królestwie ludzie mogą otrzymać jedynie jedną rzecz. W niebie nie będzie jednak nic odpowiedniego ani niewystarczającego. Ludzie nie będą się czuli niewygodnie, ponieważ będą mieszkać razem. Nie będą sobie zazdrościć, lecz będą wdzięczni, że mogą dzielić się swoimi dobrami z innymi. Będzie to dla nich źródłem szczęścia.

Ponadto, nie będzie im przykro, że nie mają prywatnych domów ani nie będą sobie niczego zazdrościć. Będą poruszeni i wdzięczni Bogu Ojcu za to, że otrzymali o wiele więcej niż zasłużyli. Będą zadowoleni i szczęśliwi.

Będzie im przykro jedynie dlatego, że nie próbowali bardziej i nie uświęcili się podcxas życia na ziemi. Będzie im smutno i wstyd, kiedy staną przed Bogiem, że nie potrafili całkowicie odrzucić grzechu. Kiedy zobaczą ludzi, którzy dostaną się do trzeciego królestwa i do Nowego Jeruzalem, nie będą im zazdrościć ich wspaniałych domów i nagród, lecz będzie im przykro, że nie uświęcili się w pełni.

Ponieważ Bóg jest sprawiedliwy, pozwala nam zebrać to, co posialiśmy i nagradza nas zgodnie z wykonaną pracą. Dlatego, daje nam miejsca i nagrody w niebie w zależności od tego, jak jesteśmy uświęceni i wierni na ziemi. W zależności od tego, czy żyliśmy zgodnie ze słowem Bożym, On nagrodzi nas zas wykonaną pracę.

Jeżeli w pełni żyłeś zgodnie ze słowem Bożym, otrzymasz wszystko, czego pragniesz w niebie. Jednak, jeżeli nie postępowałeś całkowicie zgodnie ze słowem Bożym, On nagrodzi cię zgodnie z twoim postępowaniem. Nadal jednak twoja nagroda będzie obfita.

Dlatego, bez względy na poziom nieba, do którego trafisz, będziesz zawsze wdzięczny Bogu za to, że dał ci więcej niż zasłużyłeś na ziemi i będziesz żyć wiecznie w szczęściu i radości.

Korona chwały

Bóg, który nagradza nas obficie, daje nam koronę, która nigdy się nie zepsuje. Jaką koronę otrzymają ci, którzy trafią do drugiego królestwa?

Pomimo, że nie są w pełni uświęceni, oddali chwałę Bogu

poprzez wypełnianie swoich obowiązków. Otrzymają za to koronę chwały. Przeczytajmy 1 Piotra 5,1-4, gdzie opisana jest korona chwały, którą w nagrodę otrzymają ci, którzy byli przykładem dla innych poprzez wierne życie zgdone ze słowem Bożym.

„Starszych więc, którzy są wśród was, proszę, ja również starszy, a przy tym świadek Chrystusowych cierpień oraz uczestnik tej chwały, która ma się objawić: paście stado Boże, które jest przy was, strzegąc go nie pod przymusem, ale z własnej woli, jak Bóg chce; nie ze względu na niegodziwe zyski, ale z oddaniem; i nie jak ci, którzy ciemiężą gminy, ale jako żywe przykłady dla stada. Kiedy zaś objawi się Najwyższy Pasterz, otrzymacie niewiędnący wieniec chwały."

„Niewiędnący wieniec chwały" oznacza, że każda korona w niebie będzie wieczna i nigdy nie zgaśnie jej blask. Uświadomisz sobie, że niebo jest miejscem doskonałym, gdzie wszystko jest wieczne, a blask korony nigdy nie gaśnie.

Jacy ludzie znajdą się w drugim królestwie niebieskim?

W okolicach Seulu, stolicy Korei, rozmieszczone są inne miasta, a wokół tych miast, kolejne małe miasteczka. W taki sam sposób, w niebie wokół trzeciego królestwa, gdzie znajduje się Nowe Jeruzalem, rozmieszczone są drugie królestwo, pierwsze królestwo i Raj.

Pierwsze królestwo jest miejscem przeznaczonym dla tych, którzy są na drugim poziomie wiary i starają się żyć zgodnie ze słowem Bożym. Jacy ludzie dostaną się do drugiego królestwa? Ludzie na trzecim poziomie wiary, którzy żyją zgodnie ze słowem Bożym. A teraz przyjrzyjmy się dokładnie, jacy ludzie trafią do drugiego królestwa.

Drugie królestwo:
Miejsce dla ludzi, którzy nie są w pełni uświęceni

Możesz dostać się do drugiego królestwa, jeżeli będziesz postępował zgodnie ze słowem Bożym i wypełnisz swoje obowiązki, pomimo że twoje serce nie jest w pełni uświęcone.

Jeżeli jesteś przystojnym inteligentny i mądry, z pewnością chciałbyś, aby twoje dzieci były do ciebie podobne. Tak samo święty i doskonały Bóg pragnie, aby Jego dzieci były podobne do Niego. On pragnie, aby Jego dzieci kochały Go i zachowywały przykazania – które będą zachowywały przykazania z miłości do Niego a nie z obowiązku. Jeżeli prawdziwie kogoś kochasz, wykonasz dla niego lub dla niej nawet najtrudniejsze zadanie. Jeżeli prawdziwie kochasz Boga, będziesz z radością zachowywać Jego przykazania.

Będzie posłuszny bezwarunkowo i z radością wszystkiemu, co On powie, odrzucając to, co On każe ci odrzucić, nie robiąc tego, co ci zakaże i robiąc to, o co prosi. Jednak ludzie, którzy są na trzecim poziomie wiary nie są w stanie postępować zgodnie z Bożym słowem z pełną radością i dziękczynieniem w sercu, ponieważ nie osiągnęli jeszcze dostatecznego poziomu miłości.

W Biblii czytamy o czynach cielesnych (Gal. 5,19-21) oraz o pragnieniach ciała (Rzym. 8,5). Kiedy postępujesz zgodnie ze złem, które masz w sercu, są to czyny ciała. Natura grzechu, którą masz w sercu, a która nie uwidoczniła się to pragnienia ciała.

Ludzie na trzecim poziomie wiary odrzucili już czyny cielesne, jednak nadal mają w sercu pragnienia ciała. Postępują zgodnie z tym, co Bóg im mówi, odrzucają to, co Bóg każe im odrzucić, nie czynią tego, czego Bóg zakazuje im czynić i robią to, co Bóg każe im robić. Jednak zło z ich serca nie zostało całkowicie usunięte.

Podobnie, jeżeli wypełniasz obowiązki, a twoje serce nie jest w pełni uświęcone, pójdziesz do drugiego królestwa. Uświęcenie odnosi się do stanu, w którym odrzucamy zło całkowicie i mamy w sercu tylko dobro.

Na przykład, powiedzmy, że jest osoba, której nienawidzisz. Wiesz, że Bóg mówi: „Nie wolno nieniawidzić bliźniego," więc próbujesz wyzbyć się nienawiści. W rezultacie, usuwasz nienawiść. Jednak, jeżeli nie kochasz tego człowieka prawdziwie w swoim sercu, nie jesteś jeszcze w pełni uświęcony.

Dlatego, aby wzrosnąć do czwartego poziomu wiary, konieczny jest wysiłek, aby odrzucić grzechy za wszelką cenę.

Ludzie, którzy wypełnili swój obowiązek dzięki Bożej łasce

Drugie królestwo jest miejscem dla ludzi, którzy nie osiągnęli całkowitego uświęcenia w swoich sercach, jednak wypełnili swoje obowiązki przyznane im przez Boga. Zastanówmy się, jacy ludzie znajdą się w drugim królestwie, przyglądając się historii członkini kościoła, która zmarła, służąc kościołowi Manmin Joong-ang (Central).

Kobieta ta przychodziła do kościoła ze swoim mężem w okresie, kiedy kościół został założony. Cierpiała z powodu poważnej choroby, jednak została uzdrowiona dzięki modlitwie, więc cała jej rodzina zaczęła przychodzić do kościoła. Wzrastali w wierze, a ona została starszą diakonisą, jej mąż starszym, a dzieci rosły i służyły Panu. Syn został pastorem, córka wyszła za pastora, a trzeci syn został misjonarzem.

Ta kobieta nie odrzuciła jednak całkowicie zła ze swojego serca. Wypełniała swoje obowiązki odpowiednio i skruszyła się dzięki łasce Bożej, wypełniła to, co jej powierzono i zmarła. Bóg pokazał mi, że znalazła się w drugim królestwie niebieskim i pozwolił mi z nią porozmawiać.

Kiedy znalazła się w niebie, było jej najbardziej przykro, że nie odrzuciła grzechu, aby być w pełni uświęconą oraz, że nie wyraziła wdzięczności swojemu pastorowi, który modlił się o jej uzdrowienie i prowadził w wierze z miłością.

Ponadto, ona myślała, że biorąc pod uwagę, co osiągnęła w wierze, jak służyła Panu oraz słowa, które wypowiadała, dałyby jej jedynie możliwość, aby dostać się do pierwszego królestwa. Jednak, kiedy nie pozostało jej już na ziemi zbyt wiele czasu, dzięki modlitwie swojego pastora oraz jej uczynkom, sprawiła przyjemność Bogu, jej wiara szybko wzrosła i mogła wejść do drugiego królestwa.

Jej wiara wzrosła bardzo szybko zanim umarła. Skupiła się na modlitwie i rozpowszechnianiu biuletynów kościelnych swoim sąsiadom. Nie dbała o siebie, lecz wiernie służyła Bogu.

Opowiedziała mi o swoim domu w niebie. Powiedziała, że jest to oddzielny budynek udekorowany pięknie kwaiatami i otoczony drzewami, że jest wielki i wspaniały –

nieporównywalny z budynkami na ziemi.

Oczywiście w porównaniu z domami w trzecim królestwie oraz w Nowym Jeruzalem wygląda jak chatka, jednak kobieta była wdzięczna oraz zadowolona, ponieważ otrzymała coś, na co nie zasłużyła. Chciała przekazać wiadomość swojej rodzinie tak, aby mieli możliwość znaleźć się w Nowym Jeruzalem.

> „Niebo jest podzielone w odpowiedni sposób. Chwała i światłość są różne w każdym miejscu, więc zachęcam ich, aby znaleźli się w Nowym Jeruzalem. Chciałabym powiedzieć mojej rodzinie, która nadal jest na ziemi, że haniebne będzie, jeżeli nie odrzucą grzechów zanim spotkają się z Bogiem Ojcem w niebie. Nagrody, które Bóg da swoim dzieciom w Nowym Jeruzalem oraz piękne domy są niesamowite, dlatego chciałabym im przekazać, że jest mi przykro i wstyd, że nie odrzuciłam całego zła przez Bogiem. Chcę przekazać im wiadomość, aby odrzucili całe zło i weszli do Nowego Jeruzalem."

Dlatego, zachęcam was, abyście uświadomili sobie, jak cenne i wartościowe jest uświęcenie swojego serca oraz poświęcenie każdego dnia dla królestwa oraz sprawiedliwości Boga w nadziei na niebo tak, abyśmy mogli z pewnością zmierzać do Nowego Jeruzalem.

Ludzie wierni we wszystkim, lecz nieposłuszni z powodu złego zrozumienia sprawiedliwości

Spójrzmy teraz na przypadek innej członkini kościoła, która

ukochała Pana i wypełniała wiernie swoje obowiązki, jednak nie mogła wejść do trzeciego królestwa, ponieważ brakowało jej wiary.

Zaczęła przychodzić do kościoła Manmin Central z powodu choroby jej męża i stała się aktywnym członkiem kościoła. Jej męża przyniesiono do kościoła na noszach. Jego ból zniknął, mógł wstać i chodzić. Wyobraź sobie, jak szczęśliwa i wdzięczna musiała być! Była wdzięczna Bogu za uzdrowienie jej męża oraz pastorowi za modlitwę pełną miłości. Była bardzo wierna. Modliła się o królestwo Boża oraz dziękowała w modlitwie swojemu pastorowi, kiedy spacerowała, siedziała czy stała, nawet kiedy gotowała.

Ponadto, ponieważ kochała swoich braci i siostry w Chrystusie, pocieszała innych, zachęcałą i opiekowała się innymi wierzącymi. Chciała żyć zgodnie ze słowem Bożym i odrzucić grzech za wszelką cenę. Nie zazdrościła ani nie pragnęła ziemskich dóbr, a skupiała się na głoszeniu ewangelii swoim sąsiadom.

Ponieważ była tak wierna króleswtu Bożemy, poczułem się zainspirowany przez Ducha Świętego na widok jej lojalności i poprosiłem, aby przejęła obowiązek prowadzenia nabożeństwa. Wierzyłem, że jeśli wypełni swój obowiązek z wiarą, cała jej rodzina zacznie wierzyć.

Jednak, nie była w stanie być posłuszna, ponieważ patrzyła na okoliczności i oddwała się cielesnym myślom. Niedługo później zmarła. Było mi bardzo przykro i kiedy modliłem się do Boga, usłyszałem jej wyznanie dzięki duchowej komunikacji.

„Nawet jeżeli będę żałować za to, że nie byłam

posłuszna swojemu pasterzowi, nie można już zawrócić czasu, więc modlę się jedynie o królestwo Boże oraz za pastora. Chcę powiedzieć jedną rzecz moi drodzy bracia i siostry: to, co mówi pastor jest wolą Bożą. Największym grzechem jest nieposłuszeństwo woli Bożej oraz gniew. Z tego powodu, ludzie stawiają czoła trudnościom. Powiedziano mi, abym się nie złościoła, lecz skruszyła w sercy i starała się być w pełni posłuszna. Stałam się osobą, która trąbi na trąbce Pana. Dzień przyjścia nadchodzi szybko, bracia i siostry. Mam nadzieję, że moi drodzy bracia i siostry oczyścili umysły i niczego im nie brakuje, aby mogli oczekiwać na ten dzień."

Wyznała o wiele więcej i powiedziała mi, dlaczego nie dostała się do trzeciego królestwa: z powodu nieposłuszeństwa.

„Byłam nieposłuszna w kilku kwestiach, przed przybyciem do królestwa. Czasami odmawiałam, słuchając poselstwa. Nieodpowiednio wykonywałam moje obowiązki. Ponieważ myślałam, że wypełnię swoje obowiązki, kiedy poprawią się okoliczności. Moje myśli były cielesne. To był wielki błąd w oczach Boga."

Powiedziała również, że zazdrościła pastorom oraz tym, którzy dbali o finanse kościoła zawsze, kiedy ich widziała i myślała o tym, że ich nagrody w niebie będą wspaniałe. A jednak wyznała, że kiedy poszła do nieba, nie zawsze tak było.

„Nie, nie, nie! Jedynie ludzie, którzy postępują zgodnie z Bożą wolą otrzymają nagrody i błogosławieństwa. Kiedy lider popełnia błąd, jest to większy grzech niż kiedy czyni to zwyczajny członek. Muszą więcej się modlić. Muszą być bardziej wierni. Muszą lepiej nauczać. Muszą nabyć umiejętności dostrzegania. Dlatego napisano w jednej z ewangelii, że ślepy poprowadzi ślepego. Błogosławiony ten, kto stara się pomimo okoliczności. Dzień, kiedy spotkamy się jako dzieci Boże zbliża się. Dlatego, każdy powinien odrzucić czyny cielesne, stać się sprawiedliwym i mieć umiejętności, by stać się oblubiennicą bez skazy, kiedy staniemy przed Bogiem."

Dlatego, musimy sobie uświadomić, jak ważne jest posłuszeństwo nie z poczucia obowiązku, lecz z radości, którą mamy w sercu oraz miłości do Boga, aby uświęcić nasze serca. Co więcej, ni powinniśmy być po prostu ludźmi, którzy chodzą do kościoła, lecz spoglądać na siebie i ocenić, jdo którego królestwa niebieskiego możemy wejść, kiedy Ojciec nas powoła.

Powinniśmy próbować być wiernymi we wszystkich obowiązkach i żyć zgodnie ze słowem Bożym, aby być w pełni uświęconymi i mieć konieczne umiejętności, aby wejść do Nowego Jeruzalem.

W 1 Koryntian 15,41 napisano, że chwała, którą każdy człowiek otrzyma w niebie będzie inna. *„Inny jest blask słońca, a inny – księżyca i gwiazd. Jedna gwiazda różni się jasnością* *od drugiej."*

Wszyscy zbawieni będą cieszyć się życiem wiecznym w niebie. Niektórzy znajdą się w Raju, a inni w Nowym Jeruzalem, zgodnie z miarą wiary. Nie da się wyrazić różnicy chwały, jaką otrzymamy.

Dlatego, modlę się w imieniu Pana, abyś nie pozostał na poziomie wiary, by ledwie zdobyć zbawienie, lecz abyś jak rolnik, który sprzedał całe swoje mienie, aby kupić pole i wykopać skarb, żył zgodnie ze słowem Bożym, całkowicie odrzucając zło, aby wejść do Nowego Jeruzalem i otrzymać chwałę, która lśni niczym słońce.

Rozdział 9

Trzecie Królestwo Niebieskie

1. Aniołowie służą dzieciom Bożym
2. Jacy ludzie znajdą się w trzecim królestwie?

*„Błogosławiony mąż, który wytrwa w pokusie,
gdy bowiem zostanie poddany próbie,
otrzyma wieniec życia,
obiecany przez Pana tym, którzy Go miłują."*
- Jakub 1,12 -

Bód jest duchem, dobrocią, światłem i miłością. Dlatego pragnie, aby Jego dzieci odrzuciły grzech i zło. Jezus, który przyszedł na ziemię jako człowiek, nie ma skazy, ponieważ również jest Bogiem. W taki razie, jakimi ludźmi musimy się stać, aby móc być oblubiennicą Pana?

Aby stać się prawdziwym dzieckiem Bożym i oblubiennicą Pana, który na wieki będzie dzielił z nami swoją miłość, musimy być podobni do Boga i uświęcić się, odrzucając zło.

Trzecie królestwo niebieskie, które jest miejsce przeznaczonym dla dzieci Bożych, które są uświęcone i podobne do Boga, jest inne niż drugie królestwo. Ponieważ Bóg nienawidzi zła i kocha dobro, traktuje swoje dzieci, które są uświęcone w bardzo szczególny sposób. Jakim miejscem jest trzecie królestwo i jak bardzo musimy ukochać Boga, aby się tam znaleźć?

Aniołowie służą dzieciom Bożym

Domy w trzecim królestwie są wspanialsze i cudowniejsze niż domy w drugim królestwie. Są ozdobione wieloma drogimi kamieniami i mają wszystko, czego zapragnie właściciel.

Co więcej, poczynając od trzeciego królestwa, aniołowie służą każdemu dziecku Bożemu, kochaja i podziwiają swojego pana i służa mu lub jej w najlepszy możliwy sposób.

Niebo I

Aniołowie służą każdemu z osobna

W Liście do Hebrajczyków 1,14 napisano: *„Czyż nie są oni wszyscy duchami przeznaczonymi do usług, posłanymi na pomoc tym, którzy mają posiąść zbawienie?"* Aniołowie są istotami duchowymi. Przypominają kształtem ludzi, jednak nie mają ciała i kości, nie biorą ślubów ani nie umierają. Nie mają cech charakteru tak jak ludzie, jednak ich wiedza i moc są o wiele większe niż ludzkie (2 Piotra 2,11).

W Liście do Hebrajczyków 12,22 czytamy o tysiącach tysięcy aniołów. W niebie jest ich niezliczona liczba. Bóg ustanowił porządek oraz hierarchię wśród aniołów, przydzielił im różne zadania i dał im różną władzę.

Aniołowie różnią się od siebie. Na przykład, anioł Gabriel, który pełni funkcję urzędniczą, przynosi ludziom odpowiedzi Boga na modlitwy oraz mówi im o Bożych planach (Daniel 9,21-23; Łuk. 1,19, 1:26-27). Archanioł Michał, który pełni funkcje militarne, kieruje armią niebieską. Kontroluje bitwy przeciwko złu, a czasami nawet sam w nich uczestniczy, aby przełamać ciemność zła (Daniel 10,13-14, 10,21; Judy 1,9; Apokalipsa 12,7-8).

Pośród aniołów są aniołowie, którzy służą ludziom indywidualnie. W Raju, pierwszym i drugim króleswie, aniołowie czasami pomagają dzieciom Bożym, jednak nie służą im indywidualnie. Aniołowie dbają o trawę, grządki kwiatowe, budynki użytku publicznego oraz dostarczają Boże wiadomości.

Dla ludzi, którzy znajdą się w trzecim królestwie lub w Nowym Jeruzalem przyznani zostaną aniołowie, ponieważ ci ludzi kochali Boga i służyli Mu. Liczba aniołów przyznanych jednemu człowiekowi będzie zależna od tego, jak bardzo dany człowiek upodobnił swój charakter do Bóga i służył Mu z posłuszeństwem.

Jeżeli ktoś ma duży dom w Jeruzalem, niezliczona liczba aniołów zostanie mu przeznaczona, ponieważ jego charakter podobny jest do charakteru Jezusa i przyprowadził wielu ludzi do zbawienia. Aniołowie będą dbali o jego dom oraz wyposażenie i nagrody, inni będą służyli mu bezpośrednio. W trzecim królestwie będzie wielu aniołów.

Jeżeli znajdziesz się w trzecim królestwie, aniołowi będą ci służyć indywidualnie oraz zajmować się twoim domem i twoimi gośćmi. Będziesz wdzięczny Bogu za to, że dostałeś się do trzeciego królestwa, ponieważ Bóg pozwoli ci żyć na wieki. Aniołowie będą ci służyć przez życie wieczne.

Wspaniałe domy indywidualne

Przy domach udekorowanych kwiatami i drzewami w trzecim królestwie będą znajdowały się ogrody i keziora. W jeziorach będą pływać ryby. Ludzie będą mogli w spokoju spędzać czas na rozmowie i dzieleniu się miłością. Aniołowie będą grać piękną muzykę, a ludzie będą uwielbiać Boga wraz z nimi.

W drugim królestwie, ludzie mogą wybrać sobie jedną rzecz, natomiast w trzecim królestwie każdy będzie mógł posiadać, co tylko zechce: pole golfowe, basen, jezioro, deptak, salę balową itp. Dlatego, nie będą musieli chodzić do sąsiadów, aby cieszyć się tym, co mają ich sąsiedzi, ponieważ sami będą mieć to wszystko w posiadaniu.

Domy w trzecim królestwie są wspaniałe i duże. Są ozdobione w taki sposób, że nawet miliarder na tym świecie nie mógłby sobie na to pozwolić.

Żaden dom w trzecim królestwie nie będzie miał tabliczki z nazwiskiem, ponieważ ludzie będą rozpoznawać właściciela po pięknym zapachu, który będzie uwalniał się z domu. Domy w trzecim królestwie mają różne zapachy i światła. Im bardziej charakter właściciela przypomina charakter Jezusa, tym piękniejszy i intensywaniejszy zapach będzie się w niego uwalniał.

Ponadto, w trzecim królestwie ludzie otrzymają zwierzęta i ptaki, które będą piękniejsza niż w pierwszym lub drugim królestwie. Co więcej, pojazdy z chmur będą używane jako środki transportu publicznego i ludzie będą mogli podróżować po całym niebie.

W trzecim królestwie ludzie będą mieli wszystko, czego zapragną. Życie w trzecim królestwie będzie niewyobrażalnie wspaniałe.

Korona życia

W Księdze Apokalipsy 2,10 czytamy o obiecanej koronie życia, którą otrzymają wszyscy wierni królestwu Bożemu aż do śmierci.

> *„Przestań się lękać tego, co będziesz cierpiał. Oto diabeł ma niektórych spośród was wtrącić do więzienia, abyście próbie zostali poddani, a znosić będziecie ucisk przez dziesięć dni. Bądź wierny aż do śmierci, a dam ci wieniec życia."*

Określenie „wierny aż do śmierci" odnosi się do wierności męczennika, który niegdy nie poszedł na kompromis ze światem i był w pełni uświęcony, odrzucając grzech za wszelką cenę. Bóg nagradza wszystkich, którzy wejdą do trzeciego królestwa koronami życia, ponieważ byli wierni do śmierci i przeszli wszelkie próby (Jakub 1,12).

Kiedy ludzie mieszkający w trzecim królestwie odwiedzą Nowe Jeruzalem, zaznaczą okrągły znak na prawej krawędzi korony życia. Kiedy ludzie z Raju, pierwsze i drugiego królestwa odwiedzą Nowe Jeruzalem, umieszczą znak po lewej stronie klatki piersiowej. W trzecim królestwie chwała, której doświadczą ludzie jest inna.

Ludzie w Nowym Jeruzalem są pod szczególną opieką Bożą, tak więc nie muszą się wyróżniać. Są traktowani w szczególny sposób jako prawdziwe dzieci Boże.

Domy w Nowym Jeruzalem

Domy w trzecim królestwie różnią się od domów w Nowym Jeruzalem pod względem wielkości, piękna i chwały.

Po pierwsze, przypuśćmy, że najmniejszy dom w Nowym Jeruzalem ma 100 m^2, w takim razie dom w trzecim królestwie ma 60 m^2. Na przykład, najmniejszy dom w Nowym Jeruzalem ma 100 000 m^2, a w trzecim królestwie ma 60 000 m^2.

Rozmiary domów indywidualnych różnią się, ponieważ zależy to od tego, w jakim stopniu ich właściciel działał dla zbawienia innych dusz oraz budowania kościoła. Jezus mówi w Mateuszu 5,5: *„Błogosławieni cisi, albowiem oni na własność posiądą ziemię."* Rozmiar domu zależy od tego, ile jego właściciel działał dla zbwienie innych.

W trzecim królestwie oraz w Nowym Jeruzalem jest wiele domów o wielkości powyżej 10 000 m², jednak nawet największy dom w trzecim królestwie jest mniejszy od domów w Nowym Jeruzalem. Domy te różnią się również pod względem kształtu, piękna oraz dekoracji.

W Nowym Jeruzalem, drogie kamienie stanowią nie tylko fundament, ale są również umieszone w innych miejscach. Są piękne i kolorowe, Ozdobione różnymi kamieniami, które błyszczą i lśnią najcudowniej.

Oczywiście, w trzecim królestwie jest wiele drogich kamieni. Jednak, pomimo ich różnorodności, kamienie w trzecim królestwie nie są tak piekne jak w Nowym Jeruzalem. Kamienie w trzecim królestwie lśnią w wielu kolorach piękniej niż kamienie w pierwszym i drugim królestwie, Jednak nadal są prostsze i mniej niezwykłe niż kamienie w Nowym Jeruzalem.

Dlatego ludzie w trzecim królestwie, którzy mieszkają poza Nowym Jeruzalem pełnym chwały Bożej, patrzą na miasto i tęsknią za tym, aby w nim mieszkać.

„Gdybym tylko postarał się trochę bardziej i
Był wierniejszy domowi Bożemu..."
„Gdyby Ojciec powołał mnie ponownie..."
„Gdybym tylko został ponownie zaproszony..."

W trzecim królestwie jest ogromną radość i piękno, jednak nie mogą być one porównane z Nowym Jeruzalemem.

Jacy ludzie znajdą się w trzecim królestwie?

Kiedy otwierasz swoje serce i przyjmujesz Jezusa jako swojego Zbawiciela, Duch Święty przychodzi do ciebie i naucza cię o grzechu, sprawiedliwości i o sądzie oraz uświadamia prawdę. Kiedy jesteś posłuszny słowu Bożemu, odrzucasz zło i uświęcasz się, twoja dusza ma się dobrze, a wiara wzrasta.

Ludzie, którzy osiągnęli czwarty poziom wiary, bardzo kochają Boga. On kocha ich i pozwala im wejść do trzeciego królestwa. Jacy ludzie mają wiarę, która pozwala na to, aby wejść do trzeciego królestwa?

Uświęcenie przez odrzucenie zła

W czasach Starego testamentu ludzie nie otrzymali Ducha Świętego. Dlatego nie byli w stanie odrzucić grzechu, który zakorzenił się głęboko w ich sercach własnymi siłami. Dlatego przeprowadzali obrzezanie, i dopóki grzech nie został popełniony, nie był uznawany za grzech. Nawet jeżeli ktoś myślał o tym, aby kogoś zabić, nie było to grzechem dopóki myśl nie przerodziła się w czyn.

Jednak w czasach Nowego Testamentu, jeżeli przyjąłeś Jezusa, Duch Święty przychodził do twojego serca. Jeżeli twoje serce nie jest uświęcone, nie możesz wejść do trzeciego królestwa. Ponieważ musisz oczyścić swoje serce z pomocą Ducha Świętego.

Dlatego, możesz wejść do trzeciego królestwa tylko jeżeli odrzucisz zło, nienawiść, cudzołóstwo, chciwość i tym podobne. Wtedy zostaniesz uświęcony. Jacy ludzie mają uświęcone serca? Tacy, którzy mają miłość duchową opisaną w 1 Liście do Koryntian 13 rozdziale, wydają dziewięć owoców Ducha Świętego opisanych w Liście do Galacjan 5 rozdziale oraz mają błogosławieństwa opisane w ewangelii Mateusza 5, w pełni odzwierciadlając świętość Jezusa.

Oczywiście, nie zonacza to, że są na tym samym poziomie co Jezus. Bez względu na to, jak daleko człowiek odrzuci grzech i uświęci się, jego poziom jest inny niż poziom Boga, który jest źródłem światła.

Dlatego, aby uświęcić swoje serce, musisz przygotować grunt w swoim sercu. Innymi słowy, musisz upewnić się, że grunt w twoim sercu jest dobry, aby zasiane mogło być ziarno. Rolnik sieje ziarno, kiedy gleba jest oczyszczona, ziarno wyrasta, kwitnie i wydaje owoc. Postępuje zgodnie z tym, co mówi Bóg i zachowuje to.

Dlatego, uświęcenie odnosi się do stanu oczyszczenia i odrzucenia grzechów dzięki działaniu Ducha Świętego po tym, jak człowiek narodzi się z wody i z Ducha w wierze w odkupieńczą moc Jezusa. Przebaczenie grzechów poprzez wiarę w krew Jezusa różni się od odrzucenia grzesznej natury. Następuje dzięki pomocy Ducha Świętego dzięki modlitwie i postowi.

Przyjęcie Jezusa i bycie dzieckiem Bożym nie oznacza, że grzechy z twojego serca zostaną w pełni usunięte. Nadal będziesz miał w sobie zło, nienawiść, dumę, dlatego proces rozpoznania zła poprzez słuchanie słowa Bożego oraz walka przecieko niemu za wszelką cenę są konieczne (Hebr. 12,4).

W taki właśnie sposób odrzucamy czyny cielesne i uświęcamy się. Stan, w którym odrzucasz uczynki ciała oraz pragnienia ciała w swoim sercu jest czwartym poziomem wiary – stanem uświęcenia.

Uświęceni poprzez odrzucenie grzechu

Czy jest grzech w ludzkiej naturze? Grzech został przekazany ludziom poprzez nieposłuszeństwo Adama. Na przykład, dziecko, które nia ma jeszcze roczku ma zło w swojej naturze. Pomimo, że matka nigdy nie uczyła go zła, nienawiści czy zazdrości, dziecko będzie się złościć i źle postępować, jeżeli matka pokarmi piersią inne dziecko. Będzie próbować je odepchnąć, zacznie płakać i zezłości się, jeżeli nie odzyska uwagi swojej matki.

Powodem tego, że nawet dzieci mają zło w swojej naturze, mimo że wcześniej się go nie uczyły, jest to, że człowiek ma zło w swojej naturze. Grzechy uwidaczniają się w naszych działaniach, kiedy podążamy za grzesznymi pragnieniami serca.

Oczywiście, jeżeli uświęcisz się i odrzucisz grzech, korzeń grzechu zostanie usunięty. Dlatego, nowonarodzenie jest początkiem uświęcenia, a uświęcenie – udoskonaleniem. Dlatego, jeżeli się na nowo narodzisz, mam nadzieję, że będziesz prowadził życie sukcesu z Jezusem i osiągniesz uświęcenie.

Jeżeli naprawdę chcesz się uświęcić oraz odzyzkać utracony obraz Boga, musisz się starać i odrzucić grzech ze swojej natury dzięki łasce i sile od Boga z pomocą Ducha Świętego. Mam nadzieję, że twój charakter będzie odzwierciedlał charakter Boga, który zachęca: *„Świętymi bądźcie, bo Ja jestem święty"* (1 Piotr 1,16).

Uświęceni, lecz niezupełnie wierni w domu Bożym

Bóg pozwolił mi porozumieć się z osobą, która zmarła i

znalazła się w trzecim królestwie. Bramy jej domu ozdobione są perłami, ponieważ modliła się bardzo dużo, kiedy była na tej ziemi. Była wierna i modliła się o królestwo i o sprawiedliwość Bożą, za kościół, pastoról) oraz członków kościoła ze łzami.

Zanim spotkała Boga, była biedna i nieszczęśliwa. Nie posiadała nawet kawałka złota. Kiedy przyjęła Pana, doznała uświęcenia, ponieważ podążałą za prawdą, którą uświadomiła sobie, słuchają słowa Bożego.

Ponadto, wypełniała swoje obowiązki, przyjmowała lekcje od pastora, którego Bóg bardzo kochał, i służyła wienie. Dzięki temu otrzymała piękne i błyszczące mieszkanie w trzecim królestwie.

Co więcek, na bramie jej domu umieszczono piękny drogocenny kamień. Otrzymała go od pastora, z którym pracowała na ziemi. Oddał jej ten kamień, który wcześniej był u niego w domu i podarował podczas wizyty. Kamień symbolizuje to, że pastor będzie tęsknił za nią oraz za jej służbą, którą wykonywała na ziemi. Wielu ludzi będzie jej zazdrościć tego kamienia w trzecim królestwie.

Jednak, nadal było jej przykro, że nie dostała się do Nowego Jeruzalem. Gdyby miała dość wiary, aby dostać się do Nowego Jeruzalem, byłaby z Panem, z pastorem, któremu pomagała na ziemi oraz innymi członkami jej kościoła. Gdyby była trochę bardziej wiarna na ziemi, mogłaby znaleźć się w Nowym Jeruzalem, jednak z powodu nieposłuszeństwa straciła możliwość, aby się tam znaleźć.

Jednak byłą wdzięczna i głęboko poruszona, że otrzymała chwałę w trzecim królestwie. Była wdzięczna, ponieważ otrzymała wspaniałe nagrody, a żadnej z nich nie otrzymałaby dzięki swojej pracy, dlatego wyznała:

„Pomimo, że nie mogłam wejść do Nowego Jeruzalem, które jest pełne chwały Pana, ponieważ nie byłam doskonała we wszystkim, mam swój dom w pięknym trzecim królestwie. Mój dom jest duży i piękny. Pomimo, że nie jest tak duży jak domy w Nowym Jeruzalem, dostałam wspaniałe rzeczy, których ludzie na świecie nie mogą sobie nawet wyobrazić.

Nic nie zrobiła, Niczego nie dała,. Nie zrobiłam nic naprawdę pomocnego ani nic, co sprawiłoby Panu wielką radość. Jednak, otrzymałąm wspaniałą chwąłe, za którą mogę być wdzięczna. Skłądam dzięki Bogu, że pozwolił mi znaleźć się w cudownym miejscu w trzecim królestwie."

Ludzie z wiarą męczeńską

Człowiek, który naprawdę kocha Boga i uświęca się w swoim serce może wejść do trzeciego królestwa. Ty również możesz wejść co najmniej do trzeciego królestwa, jeżeli masz wiarę męczeńską, która poświęci wszystko dla Boga, nawet życie.

Członkowie kościoła wczesnochrześcijańskiego zachowali wiarę nawet, kiedy groziło im ścięcie, pożarcie przez lwy w Koloseum w Rzymie lub spalenie, dlatego otrzymają nagrody za męczeństwo w niebie. Nie jest łatwo stać się męczennikiem w sytuacji prześladowań i zagrożenia życia.

Jest wielu ludzi, którzy nie przestrzegają świętego dnia pańskiego lub zaniedbują obowiązki względem Boga, ponieważ pragną pieniędzy. Tacy ludzie, którzy nie potrafią być posłuszni w małym, nigdy nie zachowają wiary w sytuacji zagrożenia życia i nie stana się męczennikami.

Jacy ludzie mają wiarę męczenników? Tacy, których wiara nie zmiania się, tak jak wiara Daniela w Starym Testamencie. Ci, którzy są obłudni i poszukują własnych korzyści, idą na kompromisy nie mają szans na to, aby stać się męczennikami.

Ci, którzy staną się prawdziwymi męczennikami mają serca jak Daniel. Daniel zachował sprawiedliwość i wierność, wiedząc, że zostanie wrzucony do jaskini lwów. Zachował wiarę do końca, pomimo, że został oszukany przez innych ludzi. Daniel nigdy nie odszedł od prawdy, ponieważ jego serce było czyste.

Podobnie Szczepan w Nowym Testemencie. Został ukamienowany, modląc się i głosząc poselstwo o Jezusie. Szczepan był uświęcony i modlił się za tych, którzy go kamienowali, pomimo tego, że był niewinny. Jak bardzo musiał kochać go Jezus? Szczepan będzie na wieki mieszkał z Panem w niebie. Jego piękno i chwała będą niezwykłe. Dlatego, powinieneś uświadomić sobie, że najważniejszą kwestią jest osiągnięcie sprawiedliwości i uświęcenia w swoim sercu.

W dzisiejszych czasach niewielu ludzi ma prawdziwą wiarę. Jezus powiedział: *„Czy jednak Syn Człowieczy znajdzie wiarę na ziemi, gdy przyjdzie?"* (Łukasz 18,8) Jakże cennym staniesz się w oczach Bożych, jeśli będziesz uświęcony i zachowasz wiarę, odrzucając zło na tym świecie pełnym grzechu.

Dlatego, modlę się w imieniu Pana, abyś modlił się i uświęcił swoje serce, oczekując na chwałę oraz nagrody, które da ci Bóg Ojciec w niebie.

Rozdział 10

Nowe Jeruzalem

1. Ludzie w Nowym Jeruzalem będą oglądać Boga twarzą w twarz
2. Jacy ludzie znajdą się w Nowym Jeruzalem?

*„I Miasto Święte – Jeruzalem Nowe ujrzałem
zstępujące z nieba od Boga,
przystrojone jak oblubienica zdobna w klejnoty
dla swego męża."*
- Apokalipsa 21,2 -

W Nowym Jeruzalem, które jest najpiękniejszą częścią nieba, pełne Bożej chwały, gdzie znajduje się tron Boży, pałac Pana oraz Ducha Świętego, oraz mieszkania ludzi, którzy sprawili Bogu przyjemność wiarą na najwyższym poziomie.

Domy w Nowym Jeruzalem są przygotowane w najpiękniejszy sposób tak, aby ich właściciele chcieli w nich przebywać. Aby wejść do Nowego Jeruzalem, czystego i pięknego niczym kryształ, oraz dzielić się prawdziwą miłością Bożą na zawsze, twój charakter musi odzwierciedlać charakter Jezusa i musisz w pełni służyć Bogu.

Jakim miejscem jest Nowe Jeruzalem i jacy ludzie się tam dostaną?

Ludzie w Nowym Jeruzalem będą oglądać Boga twarzą w twarz

Nowe Jeruzalem, również nazywane Świętym Miastem, jest piękne jak oblubiennica, która przygotowała się dla swojego oblubieńca. Ludzie mają tam przywilej spotkania Boga twarzą w twarz, ponieważ właśnie tam znajduje się Jego tron.

Nowe Jeruzalem nazywane jest także miastem chwały, ponieważ kiedy wejdziesz do Nowego Jeruzalem otrzymasz chwałę od Boga na wieki wieków. Ściany są z jaspisu, a całe miasto zbudowane jest z czystego złota, czystego jak szkło. Ma cztery bramy, po każdej stronie jedną – od wschodu, zachodu, południa i północy – a każdej bramy strzeże anioł. Dwanaście fundamentów miasta została wykonanych z dwunastu drogocennych kamieni.

Dwanaście bram perłowych Nowego Jeruzalem

Dlaczego dwanaście bram Nowego Jeruzalem jest wykonanych z pereł? Powstanie perły wymaga dużo czasu. W taki sam sposób musimy odrzucić grzech, zwalczyć go za wszelką cenę oraz być wiernymi aż do śmierci z wytrwałością i samozaparciem. Bóg wykonał bramy z pereł, ponieważ musimy pokonać trudności, aby wypełniać obowiązki z radością, wędrując wąską ścieżką.

Tak więc, kiedy człowiek wejdzie do Nowego Jeruzalem przez perłowe bramy, płącze z radości i ekscytacji. Dziękuje Bogu oraz oddaje Mu chwałe za to, że doprowadził go do Nowego Jeruzalem.

Dlaczego Bóg uczynił dwanaście fundamentów z drogocennych kamieni? Połączenie ważności dwunastu kamieni jest sercem Jezusa i Ojca.

Dlatego, powinniśmy sobie uświadomić duchowe znaczenie każdego kamienia oraz zrozumieć duchowy sens w swoim sercu, aby wejść do Nowego Jeruzalem. Wyjaśnię ich znaczenie szczegółowo w książce pt. „Niebo II: wypełnione Bożą chwałą."

Domy w Nowym Jeruzalem są doskonałe i różnorodne

Domy w Nowym Jeruzalem są niczym zamki pod względem rozmiaru i wspaniałości. Każdy z nich jest wyjątkowy i dostosowany do właściciela – doskonały w swojej wyjątkowości i różnorodności. Ponadto, różne kolory i światła lśnią od drogocennych kamieni, sprawiając, że domy wyglądają pięknie i chwalebnie.

Właściciela domu można rozpoznać przez wygląd domu. Widać po wyglądzie, świetle i dekoracji domu, jak wiele radości właściciel sprawił Bogu, kiedy był na ziemi.

Przykładowo, dom osoby, która staa się męczennikiem na ziemi będzie miał weiel dekoracji i będzie pokazywał, jaki charakter ma jego właściciel oraz jakie miał osiągnięcia w swoim męczeństwie. Zostanie to zapisane na złotych tablicach, które będą pięknie lśniły. Każdy będzie mógł przyczytać: „Właściciel tego domu stał się męczennikiem i wypełnił wolę Ojca dnia _ miesiąca_ roku."

Nawet przez bramę będzie widać światło połyskujące ze złotej tabliczki, na której będą zapisane osiągnięcia właściciela. Ci, którzy to zobaczą ukłonią się. Męczeństwo jest wielką chwałą i zasługuje na nagrodę, ponieważ przynosi radość i dumę Bogu.

Ponieważ w niebie nie ma zła, ludzie schylają głowy zgodnie z tym, jak ktoś był wierny Bogu. Ponadto, tak jak ludzie pokazują woje osiągnięcia przez umieszczenie tabliczki, tak Bóg podaruje tabliczkę każdemu, aby uświetnić to, że dana osoba oddawała Mu chwałę na ziemi. Różny zapach wydziela się oraz różne światło świeci w zależności od otrzymanej tabliczki.

Nawet przez bramę będzie widać światło połyskujące ze złotej tabliczki, na której będą zapisane osiągnięcia właściciela. Ponadto, Bóg każdemu właścicielowi domu podaruje coś, co będzie mu przypominało o jego życiu na ziemi. Oczywiście, nawet w niebie będziemy mogli oglądać wydarzenia z przeszłości na ziemi jakby w telewizji.

Korona ze złota lub korona sprawiedliwości

Jeżeli wejdziesz do Nowego Jeruzalem, otrzymasz swój dom oraz koronę ze złota, a korona sprawiedliwości zostanie wręczona ci zgodnie z uczynkami. Jest to najpiękniejsza i najbardziej chwalebna korona w niebie.

Bóg nagrodzi koronami tych, którzy wejdą do Nowego Jeruzalem, gdzie znajduje się tron Boga, a wokół niego 24 starców, którzy mają złote korony.

„Dokoła tronu – dwadzieścia cztery trony, a na tronach dwudziestu czterech siedzących Starców, odzianych w białe szaty, a na ich głowach złote wieńce" (Apokalipsa 4,4).

Pojęcie „starcy" nie odnosi się tutaj do tytułów przyznawanych w kościele, ale do tych, którzy znajdują się blisko Boga I których On uznał. Są uświęceni i osiągnęli świętość w swoich sercach. „Osiągnięcie świętości w sercu" oznacza, że człowiek staje się istotą duchową poprzez odrzucenie zła. Osiągnięcie świętości oznacza całkowite wypełnienie obowiązków na ziemi.

Liczba 24 oznacza wszystkich ludzi, którzy przeszli przez bramę zbawienia przez wiarę jak dwanaście plemion Izraela i stało się uświęconymi jak dwanaście uczniów Jezusa. Dlatego, 24 starców oznacza dzieci Boże, które zostały uznane przez Boga i są wierne Jego domowi.

Dlatego, ci, którzy mają wiarę jak złoto, która nigdy się nie zmienia, otrzymają koronę ze złota, a ci, którzy tęsknią za powtórnym przyjściem Jezusa jak apostoł Paweł otrzymają koronę sprawiedliwości.

„W dobrych zawodach wystąpiłem, bieg ukończyłem, wiarę ustrzegłem. Na ostatek odłożono dla mnie wieniec sprawiedliwości, który mi w owym dniu odda Pan, sprawiedliwy Sędzia, a nie tylko mnie, ale i wszystkich, którzy umiłowali pojawienie się Jego" (2 Tym. 4,7-8).

Ci, którzy tęsknią za powtórnym przyjściem Jezusa będą żyli w świetle i prawdzie, będą przygotowani jako oblubiennica Pana. Dlatego, otrzymają koronę.

Apostoł Paweł nie przeraził się prześladowaniami i trudnościami, jednak starał się budować królestwo Boże i osiągnąć Jego sprawiedliwość we wszytskim, co robił. Odkrywał przed ludźmi Bożą chwałe, gdziekolwiek był, poprzez pracę i swoją obecność. Dlatego Bóg przygotował dla niego koronę sprawiedliwości. Bóg da ją wszystkim, którzy tęsknią za powtórnym przyjściem Jezusa.

Spełni się każde ich pragnienie serca

To, o czym marzyłeś, co kochałeś, lecz zrezygnowałeś z tego dla Pana – Bóg odda ci to wszystko w postaci pięknych nagród w Nowym Jeruzalem.

Dlatego, domy w Nowym Jeruzalem mają wszystko, czego pragniesz, abyś mógł robić wszystko, na co będziesz miał ochotę. Przy niektórych domach będą jeziora, aby właściciele mogli pływać łódką, przy innych będą lasy, aby właściciele mogli wyjść na spacer. Ludzie będą spędzać czas, rozmawiając z innymi przy stole z herbatą w ogródku. Przy innych domach będą łąki pełne pięknej trawy i kwaitów, aby ludzie mogli chodzić na spacery i śpiewać pieśni wraz z ptakami i zwierzętami.

W ten sposób, Bóg uczynił z niebie wszystko, czego pragniesz na tej ziemi i nie zapomniał o najdrobniejszych rzeczach. Jakże będziesz poruszony, kiedy zobaczysz wszystko, co Bóg dla nas przygotował?

Życie w Nowym Jeruzalem jest źródłem szczęścia samym w sobie. Będziemy żyć w niezmiennej radości, chwale i pięknie. Będziemy szczęśliwi, patrząc na wszystko wokół nas.

Ludzie będą odczuwać spokój, wygodę i bezpieczeństwo, będąc w Nowym Jeruzalem, ponieważ Bóg przygotował dla swoich dzieci wszystko, czego im potrzeba, ponieważ ich kocha i każde miejsce w niebie wypełnił swoją miłością.

Więc cokolwiek będziesz robić, gdziekolwiek spacerować, odpoczywać, grać, jeść lub rozmawiać z innymi, będziesz pełny radości i szczęścia. Drzewa, kwiaty, trawa i zwierzęta będą cudowane; ściany zamku, ozdoby i pomieszczenia budynków pełne wspaniałości. W Nowym Jeruzalem, miłość Boga Ojca będzie jak fontanna, dlatego będziesz wypełniony wieczną radością, wszięcznością i szczęściem.

Widząc Boga twarzą w twarz

W Nowym Jeruzalem, gdzie jest najwyższy poziom chwały, piękna i szczęścia, możesz spotkać Boga twarzą w twarz i pójść na spacer z Jezusem oraz żyć ze swoimi ukochanymi na wieki wieków.

Będziesz podziwiany przez aniołów oraz innych ludzi

mieszkających w niebie. Co więcek, twoi osobiści aniołowie będą służyć ci jak królowi, spełniając wszystkie twoje potrzeby. Jeżeli zechcesz polatać, twój osobisty pojazd z chmur będzie gotowy w każdej chwili. Jak tylko do niego wsiądziesz, możesz latać po całym niebie gdziekolwiek zechcesz lub prowadzić go na ziemi.

Jeżeli znajdziesz się w Nowym Jeruzalem będziesz mógł zobaczyć Boga twarzą w twarz, żyć na wieki ze swoimi ukochanymi, a wszystkie twoje pragnienia spełnią się. Możesz mieć wszystko, czego pragniesz. Będziesz traktowany jak książę lub księżniczka z bajki.

Udział w przyjęciu w Nowym Jeruzalem

W Nowym Jeruzalem ciągle odbywają się przyjęcia. Czasami Bóg Ojciec będzie ich gospodarzem, a czasami Jezus i Duch Święty. Będziesz mógł odczuć radość życia w niebie i uczęszczać na te przyjęcia. Doświadczysz obfitości, wolności, piękna i radości.

Kiedy weżmiesz udział w przyjęciu organizowanym przez Boga Ojca, założysz najpiękniejszą szatę oraz ozdoby, będziesz pił i jadł to, co najlepsze. Będziesz czerpać przyjemność z pięknej muzyki, uwielbienia i śpiewów. Aniołowie będą tańczyć, a ty będziesz mógł zatańczyć z nimi na chwałę Boga.

Bóg będzie zadowolony ze swoich dzieci, które znają Jego charakter i kochają Go z całego serca.

Ci, którzy służyli Bogu podczas nabożeństwa na ziemi będą służyć Bogu podczas przyjęć, a ci, którzy uwielbiali Boga pieśnią, tańcem lub grą na instrumentach będą mogli to samo czynić podczas przyjęć.

Na przyjęciu będziesz nosić miękkie i delikatne szaty w różne wzory oraz cudowną koronę, ozdoby z drogocennych kamieni, które będą niezwykle lśniły. Będzie mógł jeździć pojazdem z chmur lub złotym powozem otoczonym przez aniołów. Czy twoje serce nie skacze z radości i zniecierpliwienia, kiedy wyobrażasz sobie te rzeczy?

Przyjęcia na Morzy Szkalanym

We wspaniałym morzu w niebie woda jest czysta i nieskazitelna. Delikatne fale przecinają jej błękit i połyskują. Woda jest tak przejrzysta, że widać pływające w niej ryby, które nie boją się ludzie, lecz witają ich, machając swoimi płetwami.

Ponadto, rafy koralowe połyskują w wielu kolorach. Jakże piękny widok! Na morzu jest wiele małych wysepek, które tworzą niesamowity krajobraz. Statki, na których organizaowane są przyjęcia, pływają po morzu.

Statki wyposażone są we wszystkie konieczne elementy, aby zapewnić wygodę. Są na nich kręgle, baseny i sale balowe, aby ludzie mogli spędzać czas w wybrany sposób.

Niesamowitą radość sprawią zbawionym przyjęcia na wspaniałych i niezwykle udekorowanych statkach, do których nie można porównać żadnych nawet luksusowych promów na tej ziemi. Będziemy tam spędzać czas z Panem i z ukochanymi.

Jacy ludzie znajdą się w Nowym Jeruzalem?

Ci, których wiara jest jak złoto, którzy tęsknią za powrotem Pana oraz którzy przygotowują się jak oblubiennica Pana, aby wejść do Nowego Jeruzalem. Jakim musisz być człowiekiem, aby wejść do Nowego Jeruzalem, które jest czyste i piękne jak kryształ oraz pełne łaski Bożej?

Ludzie wierzący są przyjemnością dla Boga

Nowe Jeruzalem jest miejscem dla ludzi, którzy mają wiarę na piątym poziomie – dla tych, którzy nie tylko w pełni uświęcili swoje serca, ale również byli wierni domowi Bożemu.

Wiara, która sprawia przyjemność Bogu to taka wiara, która w pełni Go satysfakcjonuje tak, że pragnie On spełniać prośby swoich dzieci jeszcze zanim poproszą.

W jaki sposób możemy uszczęśliwić Boga? Podam wam przykład. Powiedzmy, że ojciec wraca do domu po pracy i mówi swoim dwóm synom, że chce mu się pić. Pierwszy syn, które wie, że tata lubi wodę gazowaną, przynosi mu szklankę coca coli lub sprite. Robi mu masaż, aby go odprężyć, mimo, że tata nawet o to nie poprosił.

Z drugiej strony, drugi syn po prostu przynosi szklankę wody i wrafa do swojego pokoju. Który z synów sprawił ojcu większą przyjemność?

Pierwszy syn jedynie usłuchał prośby ojca i przyniósł wodę, jednak ojciec musiał bardziej usieszyć się szklanką coli lub masażem, o które nie prosił.

Tak samo, różnica między tymi, którzy wejdą do trzeciego królestwa a tymi, którzy wejdą do Nowego Jeruzalem dotyczy wymiaru, w jakim ludzie sprawili przyjemność Bogu Ojcu i postępowali zgodnie z Jego wolą.

Ludzie pełni Ducha Świętego, których charakter jest podobny do charakteru Pana

Ludzie, którzy mają wiarę, która uszczęśliwia Boga, mają serca pełne prawdy i są wierni domowi Bożemu. Wierność Bogu oznacza wypełnianie obowiązków w wiekszym stopniu niż jest to od nas oczekiwane tak, jak Jezusa który był posłuszny Bogu aż do śmierci, nie martwiąc się o swoje własne życie.

Dlatego, ci, którzy są wierno domowi Bożemu nie wykonują praca dla Pana dzięki swoim umiejętnościom, lecz dzięki charakterowi, który jest podobny do charakteru Jezusa. Apostoł Paweł opisuje charakter Pana Jezusa w Liście do Filipian 2,6-8.

„On, istniejąc w postaci Bożej, nie skorzystał ze sposobności, aby na równi być z Bogiem, lecz ogołocił samego siebie, przyjąwszy postać sługi, stawszy się podobnym do ludzi. A w zewnętrznym przejawie, uznany za człowieka, uniżył samego siebie, stawszy się posłusznym aż do śmierci – i to śmierci krzyżowej."

Bóg Ojciec podniósł Jezusa, dał Mu imię nad imiona oraz posadził Go po prawice tronu Bożego z chwałą i dał Mu władzę jako „Królowi królów" i „Panu panów."

Podobnie jak Jezus, musimy być posłuszni woli Bożej bezwarunkowo, aby nasza wiara była wystarczająca, byśmy weszli do Nowego Jeruzalem. Tak więc człowiek, który będzie mógł wejść do Nowego Jeruzalem musi być w stanie zrozumieć głębię Boga. Tacy ludzie radują Boga, ponieważ ich wiara nie ma granic i postępują zgodnie z wolą Bożą.

Bóg oczyszcza swoje dzieci i prowadzi ich, aby wzmocnili swoją wiarę jako złoto, aby mogli wejść do Nowego Jeruzalem. Tak, jak górnik oczyszcza i filtruje złowo przez długi czas, tak Bóg pilnuje swoich dzieci aż ich dusze będą piękne i czyste, dzięki temu, że zmyje ich grzechy swoim słowem. KIedy jego dzieci mają wiarę jak złoto, Bóg cieszy się pomimo bólu i smutku, jaki przeżył z powodu grzechu rodzaju ludzkiego.

Ludzie, którzy wejdą do Nowego Jeruzalem są prawdziwymi dziećmi Bożymi, które czekały długo i zmieniłu swoje charaktery na charaktery podobne do charakteru Jezusa oraz osiągnęły pelnię duchowości. Są cenni w oczach Boga, który bardzo ich kocha. Dlatego Bóg zachęca: *„Sam Bóg pokoju niech was całkowicie uświęca, aby nienaruszony duch wasz, dusza i ciało bez zarzutu zachowały się na przyjście Pana naszego Jezusa Chrystusa"* (1 Tes. 5,23).

Ludzie spełniający swoje męczeństwo w radości

Męczeństwo polega na oddaniu życia. Wymaga determinacji i poświęcenia. Chwałą i wygoda, które odrzuci człowiek, aby spełnić wolę Bożą, zotaną mu zwrócone, kiedy znajdzie się w niebie.

Oczywiście, każdy, kto wejdzie do trzeciego królestwa oraz do Nowego Jeruzalem ma wiarę męczennika, jednak ktoś, kto naprawdę stał się męczennikiem otrzyma jeszcze większą chwałę. Jeżeli nie dasz rady stać się męczennikiem, musisz mieć serce i charakter męczennika, osiągnąć uświęcenie oraz w pełni wypełnić swoje obowiązki, aby otrzymać nagrodę jak męczennik.

Bóg odsłonił przede mną chwałę, jaką otrzyma pastor naszego

kościoła, kiedy znajdzie się w Nowym Jeruzalem i wypełni swoje obowiązki męczennika. Kiedy znajdzie się w niebie, będzie płakać z wdzięczności, widząc dom, jaki przygotował dla niego Bóg w swojej miłości. Przy bramie tego domu będzie wielki ogród pełen kwiatów, drzew i ozdób. Od bramy do budynku będzie prowadzić droga ze złota pełna kwiatów na pamiątkę osiągnięć właściciela. Kwiaty swoim zapachem będą sprawiały mu niezwykłą przyjemność.

Co więcej, ptaki o złotych skrzydłach lśniących niczym światło oraz drzewa będą zdobić ogród. Wielu aniołów, zwierzęta i ptaki będą uwielbiać osiągnięcia oraz chwalić męczeństwo właściciela. Kiedy będzie szedł po drodze pełnej kwiatów, jego miłość do Pana będzie niczym cudowną woń. Będzie wciąż wyrażał swoje dziekczynienie do Boga.

„Bóg naprawdę mnie kocha i dał mi tak wspaniałe obowiązki do wypełnienia. Dlatego teraz mogę doświadczać miłości Ojca!"

W domu będzie wiele wspaniałych dekoracji oraz świateł, które będą świadczyć o tym, że właściciel oddał życie i ukochał Boga ponad wszystko tak, jak apostoł Paweł. Wszystko na pamiątkę męczeństwa.

Na zewnętrznych ścnianach będzie napisany wykonany przez samego Boga. Ma być pamiątką trudności, przez które przeszedł właściciel, kiedy był męczennikiem, a mimo to zachował wiarę i postępował zgodnie z wolą Boga. To wszystko zostanie zapisane na ścianie. Napis będzie lśnił i robił wrażenie, uszczęśliwiając właściciela swoim blaskiem. Jakże imponujący będzie fakt, że sam Bó wykonał napis! Dlatego, ktokolwiek odwiedzi właściciela będzie kłaniał się przed napisanem wykonanym przez Boga.

Na wewnętrznych ścianach salonu są wielkie obrazy i freski. Obrazy ukazują postępowanie właściciela, kiedy spotkał Pana, jak bardzo Go ukochał, jakie prace wykonał oraz jaki był jego charakter.

Ponadto, w ogrodzie znajduje się sprzęt sportowy wykonany ze wspaniałych materiałów i pięknie ozdobiony. Bóg przygotował to, aby sprawić przyjemność właścicielowi, który bardzo lubi sport, jednak nie miał na niego czasu, ponieważ służył Bogu. Ciężarki nie są wykonane w metalu lub żelaza, lecz specjalnie przygotowane przez Boga. Wyglądają jak drogocenne kamienie, które wspaniale lśnią. Ich waga dostosowana jest do osoby, która nimi ćwiczy. Sprzęt jest przygotowany nie tylko po to, aby właściciel domu dbał o formę, ale również jako pamiątka i źródło wygody.

Jak będzie się czuł, kiedy zobaczy wszystko, co Bóg dla niego przygotował? On porzucił swoje pragnienia dla Pana, jednak teraz otrzyma wszystko, o czym marzył i będzie wdzięczny Bogu za Jego miłość.

Nie przestanie dziękować i chwalić Boga ze łzami, ponieważ Bó przygotował dla niego wszystko – nie zapomniał o najdrobniejszym szczególe.

Ludzie całkowicie zjednoczeni z Jezusem i Bogiem Ojcem

W Nowym Jeruzalem, Bóg pokazał mi dom wielki jak miasto. Był tak wspaniału, że nie mogłem powstrzymać się od zachwytu nad jego rozmiarem, pięknem i spelndorem.

Dom miał dwanaście bram – trzy bramy na północ, trzy na południe, trzy na wschód i trzy na zachód. Pośrodku stał wielki zamek ozdobiony czystym złotem i drogimi kamieniami.

Na pierwszym piętrze była wielka sala, której końca nie było widać. W domu było wiele salonów użyanych podczas przyjęć lub spotkań. Na drugim piętrze są pokoje, w których znajdują się korony, ubrania oraz pamiątki. Trzecie piętro jest przeznaczonw ywłącznie na spotkania z Panem oraz dzielenie się z Nim miłością.

Mur wokół zamku pokryty jest kwiatami. Rzeka wody życia płynie wokół zamku. Na rzece wybudowano wiele wielokolorowych mostów z chmur. W ogrodach są kwiaty, drzewa i trawa, które tworzą piękny obraz. Po drugiej stronie rzeki jest wielki las, którego nie można nawet sobie wyobrazić.

Koło domu jest również wesołe miasteczko z kolejkami pięknie ozdobione. Wszystko pięknie lśni i doskonale działa. Wszędzie są drogi pełne kwiatów oraz łąki, na których bawią się i odpoczywają zwierzęta.

Jest tam wiele domów oraz budynków ozdobionych drogimi kamieniami, które pięknie lśnią oraz światłami rozłożonymi na całym obszarze. Obok ogrodu jest wodospad, a za wzgórzem piękne błękitne morze, po którym pływają wielkie statki. To wszystko jest częścią jednaego domu, więc możemy sobie częściowo wyobrazić, jak wielki musi być ten dom.

Ten dom jest jak wielkie miasto, ośrodek turystyczny w niebie, który przyciąga uwagę wielu ludzi, nie tylko mieszkańców Nowego Jeruzalem. Ludzie cieszą się i doświadczają miłości Bożej. Aniołowie służa właścicielowi, dbają o budynki i pomieszczenia, eskortują pojazdy z chmur oraz uwielbiają Boga tańcem i muzyką. Wszystko jest przygotowane, aby uszczęśliwić mieszkańców nieba.

Bóg przygotował ten dom, ponieważ jego właściciel przeszedł wszelkie próby i trudności z wiarą, nadzieją i miłością oraz przyprowadził wielu ludzi do zbawienia dzięki słowu życia i mocy Boga, kochając Boga bardziej niż kogokolwiek i cokolwiek innego.

Bóg miłości pamięta o wysiłkach i łzach, więc odpłaca ludziom zgodnie z tym, co osiągnęli. Pragnie, aby każdy był z Nim w jedności, wzrastał w miłości oraz stał się pracownikiem duchowym i prowadził wielu ludzi drogą zbawienia.

Ci, którzy mają prawdziwą wiarę mogą być zjednoczeni z Bogiem i Jezusem dzięki miłości, ponieważ ich charakter jest podobny do charakteru Jezusa i osiągnęli pełnię ducha, jak również oddali swoje życie, by być męczennikami. Tacy ludzie kochają Boga i Jezusa prawdziwie. Gdyby nie było nieba, nie żałowaliby ani nie czuliby się oczukami, dzięki temu, czwgo doświadczyli na ziemi. Czują się szczęśliwi i radości, że mogą postępować zgodnie ze słowem Bożym i działać dla Pana.

Oczywiście, ludzie, którzy mają prawdziwą wiarę żyją w nadziei na nagrody, które Pan da im w niebie, jak napisano w Liście do Hebrajczyków 11,6: *„Bez wiary zaś nie można podobać się Bogu. Przystępujący bowiem do Boga musi uwierzyć, że [Bóg] jest i że wynagradza tych, którzy Go szukają."*

Nie ważne jest dla nich, czy niebo istnieje, czy otrzymają

nagrody, ponieważ jest coś cenniejszego. Czują się szczęśliwi, że spotkają Boga Ojca i Pana, którego ukochali całym sercem. Dlatego, gdyby nie spotkali Boga Ojca i Jezusa byłoby to dla nich większym rozczarowaniem niż brak nagród lub mieszkania w niebie.

Ci, którzy okazują bezwarunkową miłość do Boga i do Jezusa, oddając swoje życie, będą zjednoczeni z Ojcem i Panem jako ich oblubiennica w miłości. Jakże wspaniała będzie chwała i nagrody, które Bóg przygotował dla swoich dzieci!

Apostoł Paweł, który tęsknił za powtórnym przyjściem Jezusa i działał dla Pana, przyprowadzając wielu ludzi do zbawienia, wyznał:

> *„I jestem pewien, że ani śmierć, ani życie, ani aniołowie, ani Zwierzchności, ani rzeczy teraźniejsze, ani przyszłe, ani moce, ani co wysokie, ani co głębokie, ani jakiekolwiek inne stworzenie nie zdoła nas odłączyć od miłości Boga, która jest w Chrystusie Jezusie, Panu naszym"* (Rzym. 8,38-39).

Nowe Jeruzalem jest miejscem przygotowanym dla dzieci Bożych, które zjednoczą się z Bogiem Ojcem dzięki Jego miłości. Nowe Jeruzalem jest czyste i piękne niczym kryształ. Szczęście i radość, które tam panują są niewyobrażalne.

Bóg Ojciec miłości pragnie, aby Jego dzieci nie tylko zostały zbawione, ale również aby były do Niego podobne w Jego świętości i doskonałości tak, że będą mogły wejść do Nowego

Jeruzalem.

Dlatego, modlę się w imieniu Pana Jezusa, abyśmy uświadomili sobie, że Pan, który poszedł do nieba, aby przygotować dla nas mieszkanie, powróci wkrótce; abyśmy osiągnęli pełnię duchowości i pozostali bez skazy jako piękna oblubiennica, która może wyznać: „Przyjdź Pani Jezu."

Autor:
Dr. Jaerock Lee

Dr Jerock Lee urodził się w 1943 roku w Muan, w prowincji Jeonnam, w Republice Korei. Kiedy skończył 20 lat cierpiał z powodu wielu różnych nieuleczalnych chorób przez siedem lat i czekał na śmierć zupełnie pozbawiony nadziei na wyzdrowienia. Pewnego dnia, wiosną 1974 roku, jego siostra przyprowadziła go do kościoła, i kiedy uklęknął, aby się pomodlić, Żywy Bóg natychmiast uzdrowił go ze wszystkich chorób.

Dzięki temu doświadczeniu, Dr Lee poznał prawdziwego żyjącego Boga, pokochał Go całym swoim sercem i w 1978 został powołany na sługę Bożego. Gorliwie modlił się o jasne i pełne zrozumienie woli Bożej, zrealizowanie Jego misji oraz posłuszeństwo wszystkim słowom Boga. W 1982 roku założył Centralny Kościół Manmin w Seulu w Korei, gdzie miały miejsce niezliczone dzieła Boże, łącznie z uzdrowieniami i cudami.

W 1986 roku Dr Lee został ordynowany na pastora podczas dorocznego zjazdu Kościoła Koreańskiego i cztery lata później, w 1990 roku, rozpoczęto emisję jego kazań w Australii, Rosji, na Filipinach i w wielu innych miejscach przez firmę Far East Broadcasting Company, Asia Broadcast Station oraz chrześcijańskie radio Washington Christian Radio System.

Trzy lata później w 1993 roku, Centralny Kościół Manmin został wybrany jako jeden z najbardziej popularnych kościołów na świecie przez amerykański magazyn chrześcijański *„Christian World"*, a pastor Lee otrzymał tytuł doktora honorowego *Honorary Doctorate of Divinity* od chrześcijańskiego college'u na Florydzie w Stanach Zjednoczonych. W 1996 roku otrzymał również tytuł doktora od teologicznego seminarium Kingsway w Iowa, w Stanach Zjednoczonych.

Od 1993 Dr Lee zaczął prowadzić światową misję w Tanzanii, Argentynie, Los Angeles, Baltimore, Hawajach i w Nowym Jorku w Stanach Zjednoczonych, Ugandzie, Japonii, Pakistanie, Kenii, na

Filipinach, w Hondurasie, Indiach, Rosji, Niemczech, Peru, Demokratycznej Republice Kongo, Izraelu i Estonia. Informacja o jego misji w Ugandzie została wyemitowana w CNN, natomiast izraelskie ICC informowało o misji kościoła w Jerozolimie. Na antenie wygłosił komentarz, że Jezus Chrystus jest Mesjaszem. W 2002 roku został nazwany „pastorem światowym" przez największą chrześcijańską gazetę w Korei ze względu na jego prace misyjne na całym świecie.

We listopad 2017 Centralny Kościół Manmin miał już ponad 130,000 członków. Na całym świecie jest 11,000 kościołów, włączając w to 56 kościoły w wielkim miastach samej Korei. Na ten moment 98 ośrodki misyjne zostały założone w 26 krajach, takich jak na przykład Stany Zjednoczone, Rosja, Niemcy, Kanadam Japonia, Chiny, Francja, Indie, Kenia i wiele innych.

Dr Lee napisał już 110 książek. Wiele z nich stało się bestsellerami: *Poczuć Życie Wieczne przed Śmiercią, Moje Życie, Moja Wiara I & II, Przesłanie Krzyża, Miara Wiary, Niebo I & II, Piekło,* oraz *Moc Boża.* Jego książki zostały pretłumaczone na ponad 76 języki.

Jego artykuły publikowane są w: *The Hankook Ilbo, The JoongAng Daily, The Dong-A Ilbo, The Chosun Ilbo, The Seoul Shinmun, The Hankyoreh Shinmun, The Kyunghyang Shinmun, The Korea Economic Daily, The Shisa News,* oraz *The Christian Press.*

Dr Lee jest obecnie przewodniczącym wielu organizacji misyjnych oraz stowarzyszeń takich jak na przykład: Chairman, The United Holiness Church of Jesus Christ; Permanent President, The World Christianity Revival Mission Association; Founder & Board Chairman, Global Christian Network (GCN); Founder & Board Chairman, World Christian Doctors Network (WCDN); and Founder & Board Chairman, Manmin International Seminary (MIS).

Inne książki autora

Niebo II

Zaproszenie do Świętego Miasta – Nowego Jeruzalem, którego dwanaście bram uczynionych jest z pereł, a całe miasto lśni niczym najdroższe klejnoty.

Przesłanie Krzyża

Potężne przesłanie pobudzające do myślenia dla ludzi, którzy są w duchowym śnie! W niniejszej książce znajdziesz powód, dla którego tylko Jezus jest Zbawicielem oraz odczujesz prawdziwą miłość Bożą.

Piekło

Przesłanie dla człowieka od Boga, który pragnie wyratować każdą duszę z głębi piekła! W tej książce odkryjesz nigdy wcześniej nie opisywaną okrutną rzeczywistość piekła.

Moje Życie, Moja Wiara I et II

Niezwykły aromat życia duchowego wydobyty dzięki osobie, której życie rozkwitło w otoczeniu nieograniczonej miłości do Boga, pomimo ciążącego jarzma, ciemności i rozpaczy.

Miara Wiary

Jakie schronienie, korona i nagrody czekają na Ciebie w niebie? Niniejsza książka da Ci możliwość, abyś z mądrością i wskazówkami Bożymi sprawdził swoją wiarę, aby następnie zbudować wiarę lepszą i dojrzalszą.

www.urimbooks.com

www.ingramcontent.com/pod-product-compliance
Lightning Source LLC
LaVergne TN
LVHW041703060526
838201LV00043B/554